Non è la specie più forte a sopravvivere ma quella che risponde meglio al cambiamento

Darwin

*Dedicato alla mia Famiglia
Teresa, Giada e Aurora*

Introduzione

Nessuno può insegnare qualcosa ad un altro uomo. Può solo aiutarlo a tirare fuori qualcosa che ha già dentro di sé – Galileo Galilei

Questo libro non ha nessuna pretesa, ma in esso prevale la volontà di condividere un percorso fatto personalmente che ha portato ad ottimi risultati.
Non è un manuale, non leggerlo come un racconto. Guardalo come una traccia da seguire e percorrere per uscire dall'anonimato.
Ho tanta voglia di darti una mano ed aprire la tua mente verso nuovi orizzonti, quelli ai quali avevo sperato anche io di ritrovare.
Fatti guidare e guarda le cose da un altro punto di vista.
Leggilo e sii curioso…
Siamo nell'epoca in cui tutto muta rapidamente e dove la "formazione continua" è divenuta fondamentale.
Ogni passo che si compie è semplicemente un aggiornamento ed un modo per non restare fermi.
Restare fermi è come essere risucchiati dalle sabbie mobili, se ci finisci dentro è difficile tirarsene fuori.
Si parla tanto di Smart Working, esso è l'approccio innovativo all'organizzazione del lavoro che si caratterizza per flessibilità e autonomia nella scelta degli spazi, degli orari di lavoro e degli strumenti da utilizzare a fronte di una maggiore responsabilizzazione sui risultati.
Le tecnologie più diffuse sono quelle della Unified Communication & Collaboration, in particolare infrastrutture VoIP e strumenti di webconference e

instant messaging. Seguono le Mobile Business Apps e le iniziative Social, presenti già in un numero importante di aziende.

Un numero crescente di applicazioni si sta spostando anche verso il Cloud Computing, sistema tecnologico fondamentale per garantire l'accessibilità a dati e applicazioni da qualunque luogo e con qualsiasi device.

Fondamentali risulteranno i device mobili che rendono possibile accedere alle informazioni e lavorare anche al di fuori di spazi e orari di lavoro tradizionali: il 90% delle aziende ha introdotto smartphone, il 65% tablet, etc...

Questo è il mondo in cui Mark Elliott Zuckerberg a soli 32 anni possiede una società chiamata Facebook quotata in borsa e valutata oltre 103 miliardi di dollari.

Successo di Amazon e del suo Jeff Bezos, Toyota AYGO Amazon Edition, un'edizione limitata disponibile solo su amazon.it.

Dubai la città costruita sulla sabbia, nata dal nulla e per volere degli emiri che pensando al futuro e al fatto che un giorno il petrolio finirà hanno inventato una città turistica come fosse la Business Disney per adulti.

Quello che ti consiglio è di schiodarti dalla posizione attuale, non aver timore della tecnologia. Non farti sopraffare,addomesticala solo secondo il tuo volere e sfrutta le sue peculiarità.

In un futuro molto prossimo nessuno dovrà darti *"un lavoro"*, sarai tu che dovrai generarti *"il tuo lavoro"*.

La mia disponibilità è totale scrivimi pure all'indirizzo:

salvatore.becchimanzi@gmail.com

Cosa fare per iniziare

Quello che devi fare è quello che sinora non hai ancora fatto.
Semplice? Assolutamente no!
E' lo stesso motivo per il quale ti scrivi in palestra, oppure vai dalla dietologa. Hai bisogno di capire che per poter dimagrire non è fondamentale la dietologa, ma è fondamentale la tua volontà al cambiamento. Ma per aprire la porta del cambiamento bisogna essere decisi, avere un metodo ed applicarlo!
Per poter accedere al tuo nuovo mondo, sarà necessario trovare la chiave del tuo cervello, quella che ti consentirà di approntare una vera rivoluzione.
Dunque, se hai deciso di brillare e raggiungere il successo dovrai lavorare non poco è sarà necessario isolarsi dai disturbi che crea il mondo esterno.
Se hai la volontà di cambiare allora continua a leggere questo libro , altrimenti chiudilo pure e riponilo sul tuo scaffale.
Anzi, magari regalalo ad un tuo amico, lui vorrà sicuramente arrivare al successo!

"Un vincente trova sempre una strada, un perdente trova sempre una scusa" – Robert Kiyosaki

2. Sei pronto per passare allo step successivo

La cosa più importante da fare e con immediatezza è acquistare un quaderno ed una matita, o se preferisci un Moliskine ed una penna. Questi due elementi saranno i tuoi grandi amici e colleghi inseparabili, senza di loro non riuscirai a compiere il salto di qualità.
La semplicità dei tuoi pensieri e dei tuoi nuovi strumenti di lavoro ti sbalordirà! Si, perché, mentre la tua mente sarà libera di pensare, le tue mani faranno il resto. Dovrai appuntare, scrivere e fissare sul tuo quaderno, tutto ciò che di nuovo e di piacevolmente diverso la tua mente penserà. Le tue idee dovranno coagularsi, materializzarsi su un pezzo di carta, diventeranno come il vento ed il mare sulla roccia, più scriverai e più la la pietra si modellerà, ed assumerà la forma che solo tu hai deciso di dargli.
Allontanati dalle notizie negative, taglia tutto ciò che influenza negativamente il tuo cervello! Comincia dalle notizie della televisone e della radio. Ascolta la musica che ti piace e guarda un film che ti fa scaricare adrenalina, un film che amplifica la tua cultura e magari uno di quei film dove hai la possibilità anche di ridere. Leggi, leggi ed ancora leggi, almeno un libro al mese, se riesci anche uno a settimana. L'argomento? Quello che preferisci, quello che ti appassiona e che tratta l'argomento sul quale vuoi diventare un professionista affermato, capace e sicuro.
Le tue prossime prestazioni dipenderanno dalle potenzialità che riuscirai ad esprimere

decurtandole delle influenze esterne. Maggiori saranno le tue capacità a mettere in risalto le tue qualità, migliori saranno i risultati prestazionali, e tanto sarai bravo ad eliminare o comunque a tenere lontane le interferenze tanto migliori saranno i risultati che otterrai. Un corpo rimane fermo su un piano solo perché c'è l'attrito tra il piano ed il corpo stesso. Prova ad immaginare di eliminare tutto l'attrito . Pensa ad un oggetto ben lubrificato e ad un piano completamente liscio, ebbene si, l'oggetto prenderà a muoversi da solo a velocità costante, senza dover applicare nessuna forza!
E' proprio quello che riuscirai a fare tu, sarai in grado di muoverti da solo e libererai il tuo sapere, solo se diventerai bravo ad essere te stesso, ma soprattutto ad eliminare tutte le interferenze, che esistono tra te ed il mondo con il quale sei a contatto.

"Non aspettare; non sarà mai il tempo opportuno. Inizia ovunque ti trovi, con qualsiasi mezzo tu puoi avere a tua disposizione; mezzi migliori li troverai lungo il cammino - Napoleon Hill

Note

3. Obiettivo

Definisci l'obiettivo. Pensa ad una cosa che ti piacerebbe fare perché l'hai sempre desiderata, ne sei innamorato e daresti il massimo per portarla a termine a tutti i costi.
Non hai limiti, non accontentarti, pensa in grande, più sarà grande la tua idea, maggiore sarà il tuo successo!
Devi iniziare a sognare e continuare a farlo, pensare con costanza all'idea che hai maturato e materializzarla in un immagine. L'idea da sola non basta devi renderla viva come una foto, come un film, devi renderla unica, devi dargli un nome, deve diventare un progetto sul quale devi lavorare costantemente e con il sorriso, il sacrificio e la volontà.
Lavora giorno per giorno, decidi quanto dedicare alla nuova passione. Quello che riesci, ma FALLO! Con progressione e costanza, bastano anche 30 minuti al giorno, 15 minuti, ma DEVI FARLO!
Sottrai il tempo a qualcosa che facevi prima, o se non vuoi privartene, dormi un'ora in meno. Solo cosi costruirai il muro, mattone dopo mattone.
Per realizzare una casa, e quindi per iniziare a costruire un muro, chiunque ha bisogno di un progetto, uno strumento unico, dove indicare quello che ti serve, delle camere, una cucina, un bagno ed un soggiorno, e cosi via dicendo.
Nessuno chiamerà mai un muratore e gli dirà costruiscimi la casa, la prima cosa che chiederà è un disegno, il progetto dove leggere quello che deve costruire.

Ma soprattutto se vuoi la tua casa, dovrai sapere in quanto tempo vorrai realizzarla.
Dunque, la tua idea sarà lo schizzo, le tue mani realizzeranno il progetto, il tuo cervello dovrà fissare una data!
IDEA >>> QUADERNO E MATITA >>> PROGETTO >>> **DATA** >>> SVILUPPO >>> ARRIVO >>> **SUCCESSO** !!!

"Qualunque cosa tu possa fare, o sognare di fare, incominciala. L'audacia ha in sé genio, potere e magia. Incomincia adesso" - Johann Wolfgang Von Goethe

4. Mercati profittevoli

1. Business e Carriera:
Investire in borsa, settore immobiliare, investimenti
Serve un'adeguata educazione finanziaria che puoi acquisire ed approfondire, se sei già del settore, attraverso la lettura di libri, corsi e workshop offline e online.
2. Marketing, Life Coaching, Health Coaching, Relationship Coaching, Parent Coaching, Leadership Coaching, Executive Coaching e il Team Coaching.
Serve un'adeguata preparazione ed esperienza che puoi acquisire ed approfondire, mediante la lettura di libri, corsi e workshop offline e online.
3. Salute e Benessere: forma fisica, dieta, alimentazione, vizi (fumo, alcool e droghe), chirurgia estetica, denti ed odontoiatria, trattamenti di bellezza e cosmesi.
4. Relazioni: matrimonio, divorzio, seduzione, sessualità, intimità, famiglia, figli e comunicazione.
5. Hobbies: tutti i tipi di sport, recitazione, ballo, fai da te, mondo animali, cucina, libri e video
6. Obblighi: tasse, equitalia, multe, leggi e normative, matrimonio e divorzi, condominio, patente, donazioni e successioni
7. Tecnologia: applicazioni, smartwatch, abbigliamento tecnologico, Google Glass, droni, bim(Building Information Modeling) e veicoli intelligenti (autopilota).

Pensa a quello per il quale sei appassionato, inizia con tre o quattro argomenti, cerca gli spunti e vedi quale ti attrae di più.

Parti da quello e muoviti con la passione non cercare di guardare al business, prima parti dalla cosa fondamentale, devi aiutare tante persone a risolvere un problema, hanno bisogno di te e della tua professionalità

Dopo aggredisci l'argomento ed estrai da esso tutto, fino alla noia e fino a quando sarai padrone di rispondere a qualsiasi bisogno.

E' tutto racchiuso dentro di te, hai bisogno solo di tirarlo fuori, vedrai ci vorrà poco!
Dovrai sacrificarti ed impegnarti con costanza, ritmo ed entusiasmo. Non perdere mai il sorriso e la voglia di crescere, sono gli ingredienti fondamentali.

Si può fare! *<u>Credici</u> la fuori c'è un mondo che ti aspetta a bisogno di te e della <u>tua creatività</u>.*

<u>Abbandona i vecchi schemi</u> ed i soliti meccanismi, non funzionano più! <u>Cambia prospettiva</u>.

5. Allenati con i grandi! Impara a conoscere le storie forti e significative di alcuni personaggi

La storia di Leonardo Del Vecchio.

Leonardo Del Vecchio nasce a Milano nel 1935. Imprenditore italiano è noto per aver fondato e portato a livelli internazionali il marchio made in Italy Luxottica, famoso in tutto il mondo e numero uno nel mercato degli occhiali da sole.
Originario della Puglia, ben presto rimane orfano e trascorre gli anni dell'infanzia in un collegio a Milano
Sin da piccolo si arrangia lavorando in una fabbrica di stampi per ricambi automobilistici. Ma il suo amore è proiettato nel mondo degli occhiali. Ben presto segue la scuola e si diploma come incisore e ben presto diventa direttore tecnico di un'azienda che si occupa proprio di occhialeria.
La sua ambizione però lo porta in poco tempo ad aprire una bottega in provincia di Belluno, che realizza esclusivamente montature per occhiali. Gli anni sono difficili in un momento storico assai particolare, ma con il duro lavoro e la passione riesce in poco tempo a trasformare la bottega in quella che oggi è l'azienda regina degli occhiali " Luxottica".
L'anno della svolta è il 1967, quando l'azienda, si affaccia sul mercato nazionale con il proprio marchio.

Negli anni '80 Leonardo Del Vecchio porta la propria azienda a lavorare con i mercati stranieri, internazionalizzando il marchio in Europa e negli Usa.
Dieci anni dopo viene quotata in borsa e comincia ad acquisire grandi marchi come Ray-Ban, Sunglass, Oakley.
Partito con 14 dipendenti nel 1961, nel 2010 i dipendenti del gruppo sono diventati circa 60.000, con 6 stabilimenti in Italia e 2 in Cina.
Il marchio poi, è presente praticamente in tutto il mondo, comparendo nelle ottiche di oltre 100 paesi.
Oggi il patrimonio di quel bambino orfano, si aggira intorno alle decine di miliardi di dollari.

6. L'idea non basta

Ricorda sin dall'inizio che l'idea non basta non è sufficiente per arrivare alla meta, per raccogliere un successo e dare origine ad un nuovo business, bisogna sforzarsi di dare un seguito al pensiero, trovare la giusta strategia ed agire.
Anche Larry Page il famoso fondatore di Google insieme a Sergey Brin, ha sempre manifestato e ripetuto che: "non è l'idea che hai che conta, ma come la realizzi!"
Il tempo di sviluppo dell'idea deve in ogni caso essere il più rapido possibile:
La fisica ci insegna che : velocità = spazio / tempo ; più spazio percorri in minor tempo maggiore è la velocità!
Quindi per il tuo progetto :
Risultato migliore = sviluppo del progetto / nel migliore tempo possibile
Pertanto senza farsi prendere dalla fretta ne tanto meno dalla fobia di raggiungere un risultato, bisogna agire e passare alla realizzazione del progetto, e poi con molta abnegazione e costanza seguire le fasi principali dello sviluppo.
Un idea semplice, ma concepita e disegnata bene, può regalarti la libertà del successo e soprattutto darti la possibilità di renderti nel tempo delle entrate automatiche, che ti consentiranno di guadagnare anche quando non eserciti la tua professione o il tuo impiego.
Le domande che devi farti per capire se il tuo progetto può diventare un business, sono queste:

1. Quale bisogno soddisfa (o comunque quale problema risolve)
2. Quante persone hanno questo bisogno (o comunque quante persone hanno questo problema)

In questo semplicissimo modo riesci a qualificare e quantificare il progetto e da qui, iniziare già a pensare al suo nome ed alle ricerche che devi fare nel settore di riferimento. Devi cercare i tuoi futuri clienti e devi stanare tutti i tuoi competitor. Realizzare un elenco e traccia tutte le loro caratteristiche.

In particolare dovrai fare in modo che tutte le caratteristiche simili dei tuoi competitor, le eliminerai dall'elenco e resteranno solo quelle che dovrai replicare nel tuo di progetto, arricchendole con dei contenuti maggiori e migliori, che daranno quel "quid" che ne risalterà l'originalità e lo renderanno "profittevole"(Business monetizzabile).

Adesso hai già le coordinate per muoverti nella tua mappa, dovrai solo cercare di non perderti ne tanto meno rallentare il cammino, altrimenti qualcuno lo farà al tuo posto ed arriverà prima di te al famoso tesoro!

"Non perdete tempo a vivere la vita di qualcun altro. Siate affamati, siate folli" – Steve Jobs

7. Qualche sano consiglio

I pensieri negativi imbrigliano la creatività, per poter arrivare a realizzare un progetto vincente, devi essere altamente creativo.
Per poterlo fare devi imparare a vivere in un ambiente quasi perfetto. Quando sei nel grembo materno, vivi per nove mesi in un ambiente stupendo nel quale non manca niente. Quello che può inquinare quell'ambiente è solo l'influenza negativa esterna, la mamma che non mangia cose sane, i rumori che produciamo, l'aria poco salubre che si respira. Ma è ben noto che se il feto invece di sentire rumori e schiamazzi, ascolta della buona e sana musica, ne trae sicuramente un ottimo beneficio.
Bene! Dovrai generare un ambiente sano come quello, un sistema intelligente, capace di ripararti dalle notizie negative, ma soprattutto dovrai mettere in primo piano le cose importanti del tuo cammino.
In questo modo troverai la forza e l'energia positiva per pensare ed ascoltare in maniera sana ed intelligente.
Dovrai attrarre benefici e respingere i pensieri negativi.
Non è difficile è solo una questione di abitudine e di educazione comportamentale. Ti ricordi quando hai imparato a guidare l'auto?
All'inizio si sbaglia, sembra tutto difficile: il cambio, il freno, poi bisogna guardare gli specchietti, accelerare e lasciare gradualmente la frizione, mettere la freccia. Siamo goffi ed impacciati, poi impariamo e si arriva dopo poco tempo ad eseguire simultaneamente tutti i

gesti che consentono di far muovere l'auto e viaggiare in essa.

Basterà poco tempo ed i modi di pensare ed i gesti, una volta divenute abitudini, costituiranno per il cervello degli automatismi perfetti che vi guideranno verso il successo.

Il cervello, mente continuamente; non distingue tra la realtà o una fantasia ben costruita e installata.

La mente viene posseduta dalle idee!

Il pensiero deve essere positivo. Non solo nel senso generativo del pensare positivo, ma anche in questo senso: la mente recepisce più facilmente un pensiero se formulato in positivo, se esprime un arricchimento piuttosto che un impoverimento, che parla di piacere piuttosto che di sacrificio; che si basa su un'emozione positiva che reca con se gioia, armonia, serenità perché tutti noi aspiriamo a questo, a sentirci bene.

Ma non solo il connubio pensiero-emozione positiva ha un potere maggiore, ma ci rendono anche più facile il raggiungimento dei nostri obiettivi. Infatti uno dei requisiti fondamentali nella progettazione di un obiettivo è appunto quello di esprimerlo in termini POSITIVI, nella misura di *"cio' che voglio"* e non di *"cio' che non voglio"*, nella dimensione di ciò che mi DA' e non di ciò che mi TOGLIE.

Essendo la mente programmata in modalità POSITIVO, in modalità NEGATIVO non ci sa proprio andare o meglio ci va passando prima dalla modalità positivo.

Ti faccio un esempio: fai attenzione e concentrati e NON PENSARE AD UNA GIRAFFA ROSA!

Fatto?

Ecco, pensa a cosa hai fatto. Per non pensare ad una giraffa rosa, hai dovuto prima costruirti in testa l'immagine di una giraffa rosa, per poi tentare di non pensarla più e cancellarla.
Non perdere tempo a dare input negativi al cervello, ma investi il tuo tempo a dargli input positivi e propositivi.
Devi indicargli cosa vuoi acquisire e non a cosa vuoi rinunciare!
Ad esempio: voglio smettere di fumare ogni volta che mi sento nervoso, è evidentemente un "non obiettivo.
Sarebbe meglio: ogni volta che sono nervoso, penso al prossimo viaggio che farò ai Caraibi.
Chiedi di più a te stesso, non accontentarti, sappi che il cervello si comporta come un muscolo più lo alleni a certi comportamenti e certe visioni e più lui risponde alle sollecitazioni, con risultati straordinari.
Devi dargli dei comandi, programmarlo e per poterlo fare dei pianificare un cammino, fatto di immagini e pensieri positivi, che gli danno le coordinate da raggiungere.

"Un vincitore è semplicemente un sognatore che non si è mai arreso" – Nelson Mandela

La storia di Ray Kroc.

Conoscete McDonald's?
Chi non conosce la catena di fast food più importante e diffusa al mondo?!
McDonald's, così come la conosciamo adesso, è il risultato del lavoro e sacrificio di un grande imprenditore di nome Ray Kroc.
Ray si muoveva in largo e lungo per tutta la california per vendere frullatori Multimixer.
Un giorno Ray durante una delle sue tante visite, si trova presso un ristorante, di proprietà dei due fratelli McDonald. L'obiettivo era quello di capire i motivi di una così alta richiesta del suo modello di punta per preparare milkshake.
Il rappresentante Kroc rimane semplicemente folgorato della semplice e geniale gestione imprenditoriale dei due fratelli, a tal punto che, appena andato in pensione, con la liquidazione e un'ipoteca sulla casa entra in società con loro, negli unici due ristoranti che avevano all'epoca.
Nel 1961, grazie alla sua forte esperienza da venditore, ed a seguito dell'apertura del centesimo fast food, Kroc indebitandosi all'inverosimile rileva per 2.700.000 dollari le quote dei fratelli McDonald e diventa l'unico proprietario dell'azienda.
Ray Kroc non inventa nulla di nuovo, riprendendo anzi prodotti e tecniche dei due McDonald. La differenza l'ha fatta, introducendo un sistema di organizzazione del lavoro, altamente metodico e meccanizzato.
Insomma il vecchio Ray Kroc è arrivato al successo a sessant'anni, senza un'idea e senza il capitale.
Difatti l'idea era dei fratelli McDonald e il capitale l'ha preso in prestito dalle banche.

Anziché andarsene in pensione e godersi l'ultima parte della sua vita assieme alla moglie, Ray Kroc ha invece deciso di ipotecare la loro casa e di impegnare tutti i loro risparmi in questa nuova avventura.

8. Scrivi il tuo progetto

Al mondo molta gente sa cosa vuole fare, ma non tutti sono decisi a farlo veramente. Dunque adesso è arrivato il momento di compiere l'azione più importante, ovvero iniziare.

Immagina un concetto semplicissimo, per andare a lavoro, sai ovviamente che parti la mattina da casa, sai che devi prendere l'auto, quale strada fare, il percorso migliore, sai se passare a prendere qualcuno e sai ovviamente dove arrivare. La tua mente ha le coordinate partenza, percorso ed arrivo.

Per due punti passa una ed una sola retta, quella è la direzione del tuo progetto, senza il verso però non sai dove andare. Quello che devi fare adesso è passare finalmente all'azione, mettere per iscritto la strategia e scegliere la strada giusta per raggiungere l'obiettivo.

Cosa ti serve per sviluppare il tuo progetto?
1. Mezzi e tecnologia: computer, telefono, un ufficio, il suo arredo, un auto, etc…
2. Risorse umane e competenze
3. Consulenti e consiglieri
4. Strumenti economici e finanziari
5. Libri e riviste

6. Ricerca e verifica dei competitor
7. Etc...
Dunque metti su carta quello che hai pensato come progetto.

Nome del progetto

....
....

Obiettivo

....
....

Sviluppo, elenco degli strumenti e delle risorse necessarie

....
....
....
....
....
....
....
....
....
....

Quale bisogno soddisfa

....
....

Quante persone hanno questo bisogno

....
....

Elenco competitor (all'inizio sarà corto se non addirittura vuoto)

....
....

Fissa una data entro la quale lancerai ufficialmente la tua nuova attività

....
....

Se non fissi la data il tuo progetto non decollerà, rimarrà solo un'idea.

Scrivi lo slogan del tuo progetto/attività

....
....

9. Cosa fare nei mesi che passano mentre strutturi il tuo progetto?

La cosa più importante è rimanere in equilibrio con se stessi. Per fare ciò condivido con te un concetto semplicissimo che ti darà l'opportunità di preparare con dedizione e introspezione il metodo per essere sempre performanti.
Le macro aree della vita sono tre:
1. Salute e benessere psico-fisico
2. Relazioni (amore e conoscenze)
3. Lavoro e carriera
Il triangolo principale è suddiviso in ulteriori tre triangoli, ed ognuno di essi rappresenta una delle aree sopra descritte. Fai la fotografia della situazione attuale riportandola sul triangolo dell'equilibrio.

Sopra ho indicato un esempio, in cui la configurazione è del tipo:
1. Salute 80%
2. Relazioni 40%
3. Lavoro 20%

Dunque la strategia giusta è quella di aumentare il contributo di tempo ed energie per aumentare il peso delle relazioni e del lavoro. In modo da equilibrare il sistema ed ottenere i migliori risultati per il conseguimento dell'obiettivo prefissato.

Relazioni

Noi siamo il risultato dell'ambiente che frequentiamo. L'ambiente è fatto di persone e loro ci influenzano in una maniera determinante. Dunque le domande che devi farti sono:
1. Frequento le persone giuste?
2. Sono in grado di trasmettermi positività?
3. Sono persone influenti?
Devi in ogni caso frequentare persone stimolanti e che ti trasferiscono positività.

Salute e benessere psico-fisico

Curare l'aspetto fisico predispone anche ad un migliore atteggiamento psichico. Dunque devi curare l'alimentazione, se non sei in grado fatti aiutare da un esperto e se sei in sovrappeso vai da un dietologo, se fumi imponiti di fare altro ed elimina il vizio della sigaretta. Ricordati di bere molta acqua, di fare attività fisica e gestire la tua mente a programmare risultati più performanti a tappe costanti.

Lavoro e carriera

E' l'obiettivo primario di questo libro, dunque segui i consigli e soprattutto impara a :

1. Leggere molti libri (evidentemente libri associati al tuo nuovo percorso)

2. Segui corsi , seminari, webinar e meeting
3. Impara ad essere un ottimo venditore
Possiamo avere di più di quello che abbiamo perché possiamo diventare di più di quello che siamo -Jim Rohn

Ma non dimenticare mai la storia del barattolo... le palle da golf ed una tazza di caffè

Un professore, davanti alla sua classe di filosofia, senza dire parola, prende un barattolo grande e vuoto di maionese e procede a riempirlo con delle palle da golf. Dopo chiede agli studenti se il barattolo è pieno. Gli studenti sono d'accordo e dicono di si.
Allora il professore prende una scatola piena di palline di vetro e la versa dentro il barattolo di maionese. Le palline di vetro riempiono gli spazi vuoti tra le palle da golf. Il professore chiede di nuovo agli studenti se il barattolo è pieno e loro rispondono di nuovo di si.
Il professore prende una scatola di sabbia e la versa dentro il barattolo. Ovviamente la sabbia riempie tutti gli spazi vuoti e il professore chiede ancora se il barattolo è pieno. Anche questa volta gli studenti rispondono con un si unanime.
Il professore velocemente aggiunge due tazze di caffè al contenuto del barattolo ed effettivamente riempie tutti gli spazi vuoti tra la sabbia. Allora gli studenti si mettono a ridere.
Quando la risata finisce il professore dice: "Voglio che vi rendiate conto che questo barattolo rappresenta la vita... Le palle da golf sono le cose importanti come la famiglia, i figli, la salute, gli amici, l'amore, le cose che ci appassionano. Sono cose che, anche se perdessimo tutto e ci restassero solo quelle, le nostre vite sarebbero

ancora piene. Le palline di vetro sono le altre cose che ci importano, come il lavoro, la casa, la macchina, ecc. La sabbia è tutto il resto: le piccole cose. Se prima di tutto mettessimo nel barattolo la sabbia, non ci sarebbe posto per le palline di vetro né per le palle da golf. La stessa cosa succede con la vita. Se utilizziamo tutto il nostro tempo ed energia nelle cose piccole, non avremo mai spazio per le cose realmente importanti. Fai attenzione alle cose che sono cruciali per la tua felicità: gioca con i tuoi figli, prenditi il tempo per andare dal medico, vai con il tuo partner a cena, pratica il tuo sport o hobby preferito. Ci sarà sempre tempo per pulire casa, per tagliare le erbacce, per riparare le piccole cose... Occupati prima delle palline da golf, delle cose che realmente ti importano. Stabilisci le tue priorità: il resto è solo sabbia".

Uno degli studenti alza la mano e chiede cosa rappresenti il caffè. Il professore sorride e dice: "Sono contento che tu mi faccia questa domanda. E' solo per dimostrarvi che non importa quanto occupata possa sembrare la vostra vita, c'è sempre posto per un paio di tazze di caffè con un amico!"

10.Passiamo all'organizzazione

Come prima cosa oltre all'idea... ti serve un ufficio dove svolgere le tue attività, puoi optare per diverse soluzioni a seconda della tua disponibilità economica e degli spazi.
Se non sei in possesso di uno spazio free, l'ufficio domestico probabilmente è una delle soluzioni promiscue che ti consente di organizzare uno spazio decente a costo zero.
Non pensare ad un'azienda in un gigantesco edificio ricco di uffici e comodità: i mezzi sono pochi, quindi la prima sede di questa fucina di idee futuristiche può essere anche ... il garage di casa. Così come si racconta di Steve Jobs...
Altra possibilità è uno spazio di *coworking,* un grande *open space* suddiviso in postazioni attrezzate con quanto necessario per lavorare: scrivanie, collegamento ad internet, stampante, telefoni e sale riunioni. Ogni postazione può essere affittata a tempo indeterminato oppure se si vuole a base giornaliera, settimanale o mensile. Nel valutare questa scelta , tieni conto delle voci di spesa che risparmieresti nel caso in cui dovessi lavorare da casa, e cioè: la mobilia per allestire l'ufficio, l'acquisto di attrezzature informatiche, l'abbonamento per il collegamento ad internet, bollette, etc...

Se vuoi prova a vedere questi link:

http://coworkingitalia.org/
http://www.hongkiat.com/blog/top-coworking-spaces-usa/

Se vuoi puoi anche rendere un servizio ancora più professionale, avvalendoti di una segretaria "condivisa" con altri abbonati, avendo a disposizione un numero di telefono dedicato, l'assistente risponderà al telefono per te, potrà fissare gli appuntamenti, raccogliere ordini, gestire la corrispondenza e gestire la parte amministrativa.

Un front end professionale che può farti guadagnare maggiore credibilità.

E' tipicamente previsto un canone mensile intorno ai 50-60 euro più un costo variabile che dipende dalla durata delle telefonate. Se vuoi puoi anche usufruire di un periodo di prova gratuito per provare il servizio.

Prova a vedere questi link:

http://www.segretaria24.it/

http://www.telesegretaria.it/

http://www.eva24.it/

11. Come trovare i soldi per partire

1. Bandi pubblici e finanziamenti
2. Crowdfunding
3. Bootstrapping

I Bandi pubblici, consistono in finanziamenti e contributi, alcune volte anche a fondo perduto, di tipo statale o privato. Bisogna verificare metodicamente i vari bandi che pubblicano gli enti statali e soprattutto le regioni.

Bisogna studiare bene i bandi e verificare le modalità di partecipazione. Sicuramente i finanziamenti a fondo perduto sono trai i più ostici da affrontare, ma tu non demordere, bisogna insistere su tutte le strade.

Una alternativa ai bandi pubblici sono i finanziamenti a tassi agevolati o comunque con garanzia da parte di agenzie del credito che nascono proprio per incentivare nuove imprese e startup. In questi casi ovviamente devi restituire , l'importo erogato dall'ente finanziatore, a rate negli anni a seconda degli accordi raggiunti.

Il *crowdfunding*, è l'esempio opposto al precedente. In questo caso la formula è *"farsi finanziare poco da tanti"* , in Italia si sta sviluppando bene in questi anni e sono adesso tante le organizzazioni che riescono a far relazionare tra loro i finanziabili con i finanziatori.

Vi invito a verificare e studiare le varie piattaforme che elenco a seguire:

Siamo Soci - https://siamosoci.com/
Kickstarter - https://www.kickstarter.com/

Crowdfunding Italia - http://www.crowdfunding-italia.com/
De Revolution - https://www.derev.com/
Eppela - https://www.eppela.com/
Starteed - http://www.starteed.com/
Kapipal - http://www.kapipal.com/
Iodono - http://www.iodono.com/

Questo è un elenco di riferimento, ma potrai trovare sicuramente tante altre risorse, volendo anche più specifiche.
Un'idea semplice ma geniale. E' quella che hanno avuto Filippo Monti e Matteo Seghedoni, due sedicenni studenti liceali di Modena. Loro l'hanno pensata giusta, hanno inventato un dispositivo che permette di trasferire energia da un cellulare all'altro. Cosa indispensabile quando ci si trova senza una presa elettrica a portata di mano. Ora cercano fondi per finanziare il progetto per la realizzazione su scala industriale.

Di seguito il collegamento al loro video promozionale, su KicKstarter del progetto "ChargeMeOn".

https://www.kickstarter.com/projects/693852531/chargemeon

Bootstrapping, significa cavarsela da soli, utilizzando solo ed esclusivamente i propri mezzi e le proprie qualità. Ed allora bisogna far ricorso alle proprie attitudini alla comunicazione e cercare di convincere tutti quelli che potenzialmente possono fungere da finanziatori privati.

L'elenco comprende: *parenti, amici e finanziatori non di* professione(incoscienti)...

Ovviamente i parenti e gli amici li potete incontrare in privato, mentre i potenziali finanziatori, potete incontrarli tutti insieme organizzando un *"evento"* nel quale illustrate il progetto, (*senza dire in pubblico che garantite un ritorno dei loro investimenti. Non è legale*) verificando così il suo potenziale e gli interessi degli invitati. Certamente sarà necessario sancire il loro interesse con una dichiarazione scritta firmata da ambedue le parti.

Per organizzare l'evento basterà fissare una data e prenotare una sala presso gli Hotel che forniscono il servizio per meeting e congressi.

"Dietro ogni impresa di successo c'è qualcuno che ha preso una decisione coraggiosa" – Peter Druker

La storia di Ferruccio Lamborghini

Ferruccio Lamborghini nasce a Renazzo, frazione di Cento, nel ferrarese, il 28 aprile 1916.
Durante la seconda guerra mondiale trova lavoro come meccanico in aeronautica.
Negli anni Quaranta a seguito della crescente domanda di trattori, spingono Ferruccio a intraprendere la carriera di imprenditore nella produzione di trattori. Ebbe l'ituito di comprare veicoli militari rimasti a seguito della guerra mondiale e li utilizza per trasformarli in macchine agricole.
Ed è così che nel 1948, a Cento, fonda la Lamborghini Trattori, il cui logo prende origine dal segno zodiacale di appartenenza, ovvero il toro.
Dopo solo tre anni dalla guerra, la Lamborghini diventa una forte realtà, capace di progettare e costruire da sola i suoi trattori. Tra gli anni Cinquanta e Sessanta la Lamborghini Trattori diventa una delle più importanti aziende costruttrici di macchine agricole in Italia.
Ma quando e perché gli viene l'idea di produrre macchine sportive?
Dopo una storica discussione avuta proprio con Enzo Ferrari.
In uno degli incontri avuto con Enzo, Ferruccio si lamentava del funzionamento della frizione sulla sua Ferrari comprata nel 1958 e pretendeva di dare consigli al "Drake" su come migliorarla. Pare che la risposta di Enzo Ferrari sia stata: "La macchina va benissimo. Il problema è che tu sei capace di guidare i trattori e non le Ferrari".
Questa fu la molla che fece scattare la decisione di Ferruccio di fondare il settore automobili della Lamborghini.

In breve tempo la nuova Lamborghini "350 GT" era pronta per salire alla ribalta del salone dell'automobile di Torino, nel lontano 1963.
Ancora oggi le auto fuoriserie della Lamborghini, sono oggetto del desiderio, un emblema di potenza, lusso ed eleganza.

12. Cosa serve per convincere i finanziatori?

Business plan

Lo strumento tecnicamente imprescindibile è il business plan.
Ovvero il piano di business, un documento che spiega in maniera dettagliata il tuo progetto, attraverso l'esposizione della previsioni dei costi e lo sviluppo dei ricavi. E' un utilissimo strumento non facilmente realizzabile, che identifica in anticipo le caratteristiche e le potenzialità di un idea imprenditoriale.
Non è la descrizione del business che si intende avviare, non è la lista delle spese da sostenere e l'elenco dei fornitori da contattare.
E' uno strumento che consente di non perdere mai di vista la *vision, la mission e la values*.
Adesso ti descrivo le componenti del documento corretto:
1. Dati dell'impresa
2. Progetto d'impresa
3. Investimenti
4. Analisi dello storico della società
5. Analisi di mercato
6. Piano economico e finanziario
7. Allegati

1) DATI DELL'IMPRESA

Ragione sociale:
Tipo di impresa:

sede legale:
COMUNE
CAP:
VIA:
sede operativa:
COMUNE
CAP:
VIA:
partita iva:
titolare effettivo o legale rappresentante
e-mail:
telefono:

1) PROGETTO
a. Esperienza maturata
b. Progetto d'impresa
c. Partecipazione a bandi o altre forme di finanziamento a fondo perduto

2) DESCRIZIONE DEGLI INVESTIMENTI
Tipo di investimento ed ammontare
Equilibrio degli investimenti:
· mezzi propri, indicare l'importo in euro e la percentuale
· mezzi di terzi, indicare l'importo in euro e la percentuale

3) ANALISI DELLO STORICO DELL'ATTIVITA' (per chi acquista un attività già esistente o investe in nuovo ramo d'azienda)

a. Esercizi precedenti
Anno
Venduto (Q.tà)
Fatturato di vendita (€)

Costo di acquisto materie prime(€)
Ricarico Netto (%)
Ricavo (€)

1) ANALISI DI MERCATO

a. Azioni correttive che si vuole apportare con il nuovo investimento
b. Quante e quali altre attività simili alla mia ci sono sul territorio
c. Chi saranno i miei clienti
d. Quante persone saranno impiegate nell'attività
e. Con chi mi sono confrontato, chi mi ha consigliando (il commercialista, associazione di categoria di sui sono socio o altro)
f. Elenco di (questo è uno dei capitoli più importanti):
- i punti di forza (dove il mio prodotto/servizio è migliore degli altri)
- i punti di debolezza (dove altri prodotti/servizi sono migliori del mio) della mia attività o prodotto/servizi offerti

g. Come promuovo il mio prodotto o i miei servizi (strategia di marketing)

2) PIANO ECONOMICO FINANZIARIO

a. Proiezione e stima del venduto (valori in euro):

Anno di esercizio
Costi di acquisto
Ricarico medio
Prezzo al pubblico

Ricavi di vendita
Altri Ricavi

b. Costi di esercizio:

AFFITTO
RIFIUTI
SCORTE
PUBBLICITA'
CONSULENZE E CONTABILITA'
CANCELLERIA E VARIE
COSTI FINANZIARI
COMPENSI DEL TITOLARE
DIPENDENTI
ALTRO ED EVENTUALI
…
TOTALE

c. Profitto:

Anno di esercizio
Ricavi Totali
Costo Totali
Guadagno

d. Affidamenti e utilizzo del finanziamento(elenco dei finanziamenti in corso):

Affidamenti/ motivo
Data erogazione
Scadenza
Ammontare iniziale (€)
Residuo

Rata mensile

STATO PATRIMONIALE

(solo l' ultimo anno di riferimento)

ATTIVITA' _____ANNO_____

Costi di impianto ed ampliamento
Costi di ricerca e pubblicità
Brevetti, concessioni, licenze
Altre
Totale immobilizzazioni immateriali
Terreni e fabbricati
Impianti e macchinari
Attrezzature industriali
Altri beni
Totale Immobilizzi tecnici lordi
Totale Immobilizzi finanziari
Attivo Immobilizzato lordo
Materie prime sussidiarie e di consumo
Prodotti in corso di lavorazione e semilavorati
Prodotti finiti e merci
Totale rimanenze
Crediti v/clienti
Crediti tributari
Crediti v/soci per versamenti da effettuare
Crediti v/altri
Totale crediti
Ratei
Risconti
Totale ratei e risconti attivi
Circolante attivo lordo
Depositi bancari

Denaro in cassa
Totale liquidità
Liquidità

Totale Attività

PASSIVITA' _____   ANNO_____

Capitale sociale
Riserva legale
Riserve statutarie e altre riserve
(Utili) e perdite di esercizio
Totale patrimonio netto
Fondo ammortamento immobilizzi tecnici
Fondo ammortamento immobilizzi immateriali
Totale fondi ammortamento
Fondo tfr
Altri fondi per rischi ed oneri
Totale debiti m/l termine
Risorse a m/l termine
Debiti v/banche a breve termine
Altri debiti finanziari
Totale debiti finanziari a breve
Debiti v/fornitori
Debiti tributari
Altri debiti (dipendenti, istituti prev.)
Totale circolante passivo
Ratei
Risconti
Totale ratei e risconti passivi
Risorse a breve termine

Totale passività

CONTO ECONOMICO

(per le Start up indicare i futuri 3 anni) – (per le PMI ultimi 2 anni)

Conto economico

Ricavi delle vendite e prestazioni
Totale vendite nette
Variazione delle rimanenze prodotti finiti (+/-)
Valore prodotto
Acquisto materie prime e di consumo
Variazioni rimanenze materie prime e sussidiarie (+/-)
Consumi ed energie relativi alla produzione
Lavorazioni presso terzi
Totale consumi
Salari
Oneri sociali
Altri costi del personale extra
Totale costo del lavoro
Costi generali, amministrativi e di gestione
Altri ricavi e proventi
Canoni locazione
Canoni leasing
Compensi amministratori e altri organi societari
Totale costi generali
MARGINE OPERATIVO LORDO (MOL)
Ammortamenti immobilizzazioni immateriali
Ammortamenti immobilizzazioni materiali
Accantonamento trattamento di fine rapporto
Altri accantonamenti
Totale ammortamenti ed altri accantonamenti

Risultato operativo
Proventi da partecipazioni ed altri proventi finanziari
Interessi ed altri oneri finanziari
Totale oneri finanziari lordi
Totale oneri finanziari netti
Risultato di gestione
Contributi in conto impianti
Contributi in conto esercizio
Plusvalenze e altri proventi straordinari
Oneri straordinari
Totale oneri e proventi di natura extra gestionale
Risultato prima delle imposte
Totale imposte
Utile (perdita) d'esercizio

Note

Descrizione del prodotto

Comporre la scheda

Tipologia prodotti finiti
Tempi di incassi di vendita
Costo materie prime
Tempi di pagamento costo materie prime
Numero di pezzi in magazzino

Analisi di mercato
Mercato
1) Chi saranno i miei clienti?
2) A quanto ammonta la popolazione dei miei potenziali clienti nell'area in cui voglio operare?
3) Quale percentuale di questa quota penso di poter attrarre con il mio prodotto?
Fornitori
1) Di quali fornitori ho bisogno?
2) Ho già una rete di potenziali fornitori?
3) Termini e modalità di pagamento con miei fornitori?
Prodotto
1) Qual è il valore aggiunto del mio prodotto?
2) Cosa lo differenzia da altri prodotti simili?
3) Cosa garantisce la vendibilità duratura del mio prodotto?
4) Come penso di sponsorizzare il mio prodotto?

5) Qual è il tempo di rielaborazione del prodotto finito?
6) Quali sono i tempi di incasso?
7) Quanti pezzi accumulo in magazzino?
8) Qual è la mia rotazione di magazzino?
Concorrenti
1) Quali e quanti sono i miei potenziali concorrenti?

2) Quali sono gli aspetti simili?
3) Cosa mi differenzia?
4) In che modo mi rendo competitivo?

Redarre un buon business plan è la garanzia di buona credibilità al cospetto dei potenziali investitori/finanziatori. Ma ci sono tre fattori che un investitore/finanziatore guarda in maniera specifica in un business plan, e sono:

· Il ROI (*Return on investiment*) ovvero il ritardo dell'investimento;

· Il ROE (*return on equity)*, ovvero il ritorno sul capitale;

· la Way Out - strategia di uscita, ovvero come si esce dall'operazione con profitto.

ROI (*Return on investiment*), ovvero quanti soldi tornano rispetto a quelli investiti. Rappresenta la **redditività di un investimento**, ed è dato dal rapporto tra reddito operativo(utile lordo) ed il capitale investito:

ROI(%) = REDDITO OPERATIVO / CAPITALE INVESTITO X 100

Facciamo un esempio, investite 700.000,00 euro nell'acquisto di un albergo dismesso e lo rivendete a 1.200.000,00 euro, il ROI dell'operazione è:

1.200.000,00 - 700.000,00= 500.000,00 euro (utile)
500.000,00 / 1.200.000,00 x 100 = 41.67 %

ROI = 41,67 %

L'operazione per divenire ancora più appetibile e quindi rappresentativa di una redditività maggiore dell'investimento, entra in gioco il fattore tempo.

Se allora invece di 12 mesi l'operazione immobiliare si consuma in 8 mesi, avremo:

41,67% / 8 mesi = X / 12 mesi
X = 62,05%
Si raggiunge un traguardo in termini di guadagno annuo davvero importante!
ROE (*return on equity),* ovvero il ritorno sul capitale. Si calcola come il rapporto tra il reddito netto ed il capitale proprio:
ROE = REDDITO NETTO / CAPITALE PROPRIO X 100
Se l'utile è pari a 200.000,00 euro ed il capitale investito è pari a 500.000,00 euro, allora il ROE è pari al :

ROE(%) = 200.000,00 / 500.000,00 = 40,00%

ROE = 40,00%
Vediamo adesso con i numeri come farti capire che è fondamentale guadagnare il più possibile investendo il meno possibile dei propri capitali.
Utilizziamo gli stessi numeri relativi all'operazione dell'investimento relativo all'albergo sopra descritta :
700.000, 00 euro investimento à capitale tuo 100.000,00 euro
Il resto del capitale 600.000,00 euro chiedi il mutuo in banca. In questo caso avrai una spesa in più relativa al costo del denaro prestato dalla banca, presupponiamo che incida per un 5%, ovvero 30.000,00 euro.
Avremo dunque i seguenti risultati:
1.200.000,00 (euro utile lordo) ricordate?
Pertanto :
1.200.000,00 – 700.000,00 = 500.000,00 euro
A questi devi detrarre in questo caso i costi dovuti al finanziamento della banca, ovvero:
500.000,00 – 30.000,00 = 470.000,00 euro (utile)

Dunque:

470.000,00 / 1.200.000,00 X 100 = 39,17% (*)
ROI = 39,17 % < 41,67 %

ROI in questo caso peggiore dovuto all'aumento dei costi. Sembrerebbe che non convenga fare il mutuo, e invece…

Calcoliamo il ROE:

ROE(%) = 470.000,00 / 100.000,00 X 100 = 470,00 %
Ovvero investiti solo 100.000,00 euro e ne hai guadagnato 470.000,00 euro e un rendimento però del 470,00% !!!

"La forza è nelle differenze, non nelle similitudini" –
Stephen Covey

13. Pitch ed elevator pitch

Le possibilità di cercare finanziatori per i propri progetti stanno aumentando grazie al lavoro di sviluppo e pubblicizzazione realizzato dall'industria di settore, Business Angel, Venture Capital ed oggi anche la televisione che con il format televisivo SharK Tank. Le opportunità dunque stanno crescendo e la possibilità di far diventare la tua idea un'attività imprenditoriale è divenuta molto concreta. Per far ciò è necessario creare una presentazione del proprio progetto in una maniera convincente che crei empatia e generi delle emozioni.

Sbagliare una presentazione o comunque non essere convincenti al punto giusto è un ostacolo reale al raggiungimento dell'obiettivo.

Sei in grado di raccontare la tua idea di business nel tempo di un viaggio in ascensore?

Dunque devi impegnarti a realizzare un mini *pitch*, breve e concentrato, detto *"elevator pitch"*. Non è altro che una presentazione in un tempo record che va dai 15 ai 30 secondi, che serve a convincere un investitore(*o potenziale cliente*), a credere nel tuo progetto!

Vuoi un metodo per riuscire a dare una dimensione al tuo *elevator pitch?*

Prova a scriverlo dietro ad un bigliettino da visita, vedrai all'inizio sbaglierai più volte e penserai di non avere abbastanza spazio per scriverlo , ma se riuscirai a farlo avrai centrato il risultato.

Ovviamente il contenuto dovrà attirare l'attenzione del tuo interlocutore. Per farlo è bene che sia chiaro che bisogna concentrarsi, sui tre fattori: qualitativo, quantitativo e temporale.

Quello che interessa al tuo potenziale acquirente e che il tuo progetto sarà in grado di realizzare, sono:

1. Fattore qualitativo: migliora la situazione attuale
2. Fattore quantitativo: misurabile, di quanto migliora la situazione attuale
3. Temporale: orizzonte temporale, in quanto tempo raggiungerà i risultati promessi.
Esempio?
Mettere in condizioni le aziende di ottenere nuovi clienti, investendo semplicemente 1.000, 00 euro, ma che genereranno un entrata extra tra i 10.000,00 ed i 15.000,00 euro, nell'arco temporale di in un anno!
1. *Ottenere nuovi clienti*
2. *Entrata extra tra i 10.000,00 ed i 15.000,00 euro*
3. *In un anno*
Sulla base di questo metodo puoi sviluppare il *pitch* , al quale si dedicano tra i cinque ed i sette minuti, ai quali seguono dieci-quindici minuti di domande e risposte di approfondimento.
A quel punto se Tu(VOI) e la Tua(Vostra) Idea siete stati convincenti, potrete passare al livello successivo, ovvero approfondimenti e trattative.

Ogni volta che ti viene chiesto se puoi fare un lavoro, rispondi, "Certo che posso!" Poi datti da fare e scopri come farlo - Theodore Roosevelt

14. Preparati al Macth

Per prepararti al macth devi allenarti mentalmente all'impatto ma soprattutto dovrai ripassare molte volte e ad alta voce, la parte che dovrai esporre. Se riesci fatti ascoltare da qualcuno o allenati allo specchio.
Ti consiglio di leggere:
Come parlare in pubblico / e convincere gli altri – di Dale Carnegie – Casa editrice Bompiani
Corso per parlare in pubblico –di Daniela Bregantin – Casa editrice Giunti
Corso di dizione – di Nicoletta Ramorino - Casa editrice Giunti
In ogni caso del tuo progetto, dovrai preparare un documento chiamato : *Executive Summary* .
E' un documento che permette agli investitori piuttosto che ai finanziatori, di prendere visione della tua idea e capire bene come si interfaccerà sul mercato. L'esposizione dei contenuti avviene per punti e con l'ausilio di strumenti come power point o similari.
Quanto dev'essere lunga la presentazione?
A. Versione semplice circa 10 slide
B. Versione articolata circa 30 slide
Quali sono i punti da trattare?
Guy Kawasaki, consiglia di suddividere i contenuti dell' **Executive Summary**
in 9 punti chiave. Ti consiglio di scrivere il tuo excutive summary, man mano che scorri i punti descrittivi di Guy Kawasaki.

Punto 1. La frase ad effetto: è necessario iniziare con una frase (o due) che definisca il tono del resto documento, attraverso la spiegazione del motivo per cui il proprio business è da considerare una grande idea.

Punto 2. Il problema: spiegare qual è il problema che il proprio business andrà a risolvere.

Punto 3. La soluzione: mostrare ciò che offre l'azienda (il prodotto e/o il servizio) e a chi lo offre. È consigliabile usare termini di uso comune ed evitare acronimi o altre parole che possano risultare sconosciute a chi legge. Questo è il punto in cui spiegare il modo in cui la società crea valore, all'interno del proprio settore.

Punto 4. L'opportunità: indicare la segmentazione del mercato di riferimento, la sua grandezza, la crescita prevista e le dinamiche (quante persone o aziende diverranno clienti dell'azienda, a quanto ammonterà il fatturato, quanto veloce sarà la crescita, ecc.). È preferibile indicare come target una percentuale ragionevole di un mercato in crescita e ben definito, piuttosto che una microscopica fetta di un mercato enorme e già maturo.

Punto 5. Il vantaggio competitivo: la competizione nel mercato è qualcosa di ineliminabile: esiste sempre e comunque. Molto probabilmente, se al momento di presentare il business plan un vero competitor non esiste, questo vuol dire che manca poco perché emerga. Il consiglio è quello di capire il proprio vantaggio competitivo e dichiararlo chiaramente. Inutile cercare di convincere l'investitore che esso consista solo nell'essere un early mover.

Punto 6. Il modello: chiarire come si genererà reddito e da quale fonte e spiegare perché il proprio modello sarà scalabile ed efficace, oltre che efficiente dal punto di vista della gestione del capitale. Indicare le metriche attraverso la quali si effettuerà una valutazione e i risultati che si raggiungeranno entro un lasso di tempo che andrà dai 3 ai 5 anni.

Punto 7. Il team: indicare il motivo per cui il proprio team ha le caratteristiche giuste per riuscire in quello che è chiamato a fare. Non serve snocciolare brevi curriculum di ogni componente ma è più indicato riportare il background di esperienze che ciascuno di essi possiede e che può essere davvero utile all'azienda. All'occorrenza si può anche citare i brand delle aziende per cui i membri del team hanno lavorato ma solo se sono noti e significativi per il proprio business.

Punto 8. La promessa: il momento dell'elevator pitch è quello in cui sostanzialmente si fa una promessa all'investitore: quella di fargli guadagnare molto denaro. Ciò sarà possibile solo se l'azienda sarà in grado di raggiungere un alto ritorno sul capitale investito. La ricapitolazione delle stime finanziarie, da inserire in questo punto, dovrebbe mostrare chiaramente questi obiettivi. È consigliabile indicare costi, ricavi, perdite/profitti, flussi di cassa e numero di unità del personale, rapportati ad un periodo di 5 anni, così come key driver quali numero di clienti e unità vendute.

Punto 9. La richiesta: questo è il punto in cui rendere esplicito l'ammontare di capitale richiesto all'investitore. Una cifra che indica la somma minima di denaro necessaria a raggiungere il primo grande traguardo aziendale. È preferibile chiedere un po' di più ma mai meno di quel che serve per il business. Inoltre, è utile indicare eventuali future richieste di ulteriore capitale.
Altri consigli generici di Kawasaki sono: usare una fraseologia semplice, evitare di citare nomi importanti nel caso in cui siano solo 'fumo negli occhi', scartare aggettivi altisonanti ma poco chiari, utilizzare analogie solo per spiegare meglio e non per colpire il lettore.

Indicazioni più sintetiche arrivano da Tim Berry via Bplans.com. Il suo suggerimento è di includere nel primo paragrafo dell'executive summary solo: il nome del business, il posto in cui si trova (la location), il prodotto o il servizio da vendere e lo scopo del business plan. A seguire nel documento ci può essere spazio per ulteriori approfondimenti sui profitti, sulle vendite previste, sulle unità vendute, sulla redditività e sui punti chiave per il successo, facendo magari anche uso di grafici che riportino le stime per i primi tre anni dell'azienda.
Sulla lunghezza dell'executive summary, comunque, troviamo una certa convergenza di opinioni fra gli autori. Kawasaki, Berry e Ward sono perentori su questo punto: il documento deve necessariamente essere breve. Le differenze comunque sono minime: Berry propende per una singola pagina, mentre Kawasaki ipotizza una lunghezza massima di tre pagine. Il suo modello perfetto prevede un documento che vada da un minimo di sei a un massimo di otto paragrafi, in grado di contenere tutti i 9 punti, ognuno

dei quali espresso con due o tre frasi chiare, semplici e dirette.
Questo documento è parte integrante del Business plan, e dovrebbe essere scritto solo dopo che il business plan sia stato completato. Meglio ancora se preparato cronologicamente come ultimo capitolo, nonostante esso si trovi all'inizio, davanti a tutte le altre sezioni.
Non dimenticare di essere sempre reale e sincero, non bluffare sii te stesso e comunica i veri dati di mercato e previsioni congrue!

Le sfide sono ciò che rende la vita interessante e il loro superamento è ciò che rende la vita significativa - Joshua J.Marine

La storia di Renzo Rosso

Oggi vediamo i grandi Brand leader del mercato e pensiamo che siano lì da sempre, senza tener conto invece che molte di quelle imprese, oggi divenute multinazionali, sono nate da una piccola idea magari in un garage o in un piccolo laboratorio.
La marca Diesel ne è proprio un esempio lampante.
Il suo geniale creatore è Renzo Rosso, oggi noto imprenditore vicentino, che ha cominciato a realizzare il suo sogno, di far concorrenza agli americani, già da adolescente, quando confezionava i primi jeans, da lui stesso disegnati, per gli amici, con la macchina da cucire della madre.
La sua idea fissa era quella di vendere jeans strappati e slavati proprio a chi li aveva inventati.
Oggi il suo Brand ha fatto il giro del mondo, arrivando nel 2013 a fatturare ben 1,5 miliardi di euro.
Quando tutti lo credevano un folle, Renzo fiducioso nelle sue capacità, ha continuato a seguire la sua strada, il suo sogno, trasformandolo oggi in un impero che lo ha fatto diventare una tra le persone più ricche in Italia, con un azienda che vende i propri prodotti a livello mondiale, e che è diventata la prima concorrente di Levis.

15. Le armi della persuasione

Le armi della persuasione è il titolo del libro pubblicato più volte dalla Giunti e scritto dal Professor Robert Cialdini.
Chi lavora nel campo della comunicazione e della vendita, dovrebbe leggere questo libro almeno una volta. Ti consiglio pertanto di leggerlo e venire a conoscenza delle sei leve della persuasione per sfruttarle a tuo vantaggio per prendere certe decisioni.
Senza volerlo non ci rendiamo conto di come siamo influenzati, convinti e persuasi a mettere in atto delle azioni che, senza la giusta spinta emotiva, non avremo mai pensato di fare.
Ti è mai capitato, di acquistare un prodotto che non desideravi affatto? E l'hai acquistato solo perché ti sei lasciato convincere da qualche argomentazione più o meno logica?
Cialdini nel suo libro Le armi della persuasione, spiega come venditori, commercianti, associazioni, mendicanti ed anche i nostri amici, adottano volontariamente ed inconsciamente delle tecniche che hanno tutto l'interesse a farci compiere una determinata azione.
Vediamo quali sono queste tecniche e quindi ad esplorare le 6 leggi della persuasione.

Reciprocità
La reciprocità fa leva sul bisogno inconscio che sentiamo di ricambiare un favore ricevuto. Vediamo gli

esempi fatti nel suo libro da Cialdini per meglio capire il concetto. Uno di questi riguarda i devoti di Krishna.
Nel libro è spiegato che i devoti di Krishna vivevano di elemosina, ma ovviamente per loro era difficile ottenere una beneficenza dai passanti. Ecco allora che a un certo punto, iniziarono a sfruttare il principio di reciprocità. Invece di chiedere denaro, regalavano ai passanti un fiore, a quel punto i passanti si sentivano in dovere di ricambiare il gesto donando loro qualche moneta.
L'altro esempio che fa Cialdini nel suo manuale è quello di una ragazza alla quale si fermò in strada l'auto. Un coetaneo l'aiutò e lei molto riconoscente, ammise che avrebbe ricambiato volentieri il favore. Detto fatto, a distanza di poco tempo l'amico si presentò alla sua porta chiedendole se poteva prestarle l'auto. Lei accettò di controvoglia, ma si sentiva in dovere di ricambiare il favore. Lui non aveva la patente e nemmeno l'assicurazione e le distrusse completamente l'auto.

Ad esempio puoi realizzare una landing page e presentare la tua attività, concedendo contenuti gratuiti, come: ebook, coupon, codici sconto, webinar, etc..., che spingano la persona che li riceve a sentirsi in dovere di contraccambiare, o con una semplice condivisione, con una email di registrazione e/o di ringraziamento, e addirittura acquistando in futuro un tuo prodotto e/o servizio.

Impegno e coerenza

I principi di impegno e coerenza sono tipici di persone che prendono posizioni su alcuni argomenti o si impegnano personalmente con qualcuno. In tal caso tenderanno ad essere maggiormente coerenti con le proprie decisioni ed a difenderle con convinzione.

Nessuno si fida mai di una persona che si dimostra incoerente, che cambia spesso idea e non riesce a portare avanti una idea con decisione. Pertanto la coerenza è una dote molto preziosa.

Chi vuole ottenere da voi qualcosa conosce bene questo meccanismo e sfrutta totalmente il vostro bisogno di sentirvi coerenti, portandole avanti con impegno e determinazione.

Un esperimento portato alla luce nel libro " Le armi della persuasione" dal dottor Cialdini, è quello condotto in America. Veniva chiesto a delle persone di posizionare un grande cartello nel proprio giardino, con su scritto "guidare con prudenza". Inutile dire che, nonostante la nobiltà della causa, furono ben pochi quelli che accettarono di "piantare" una cosa tanto vistosa e antiestetica.

Lo stesso esperimento venne condotto sfruttando il principio di impegno e coerenza. Prima di avanzare la proposta del cartello in giardino, alcuni sperimentatori chiesero a delle persone se erano disposte a mettere un piccolo cartello sulla finestra, che invitava sempre a guidare con prudenza.

Il 76% delle persone accettò, ritenendolo un piccolo gesto. Questi stessi individui iniziarono a portare nella propria vita un nuovo schema di idee. Iniziarono a vedersi come persone che avevano a cuore la sicurezza stradale. Avevano fatto un piccolo passo, dimostrando di essere sensibili all'argomento.

Quando successivamente gli stessi sperimentatori si presentavano alla porta chiedendo di mettere il vistoso cartello in giardino, pur di apparire coerenti

con le decisioni passate, dicevano di comunque di SI.
In entrambi i casi tuttavia era una decisione presa da loro, che non provocava ripensamenti in quanto rispecchiava i loro impegni passati, nei quali ormai credevano.
Come usare impegno e coerenza per acquisire più dati di contatto
Fai provare ai tuoi clienti un prodotto o servizio ad un costo bassissimo e comunicagli che se non dovesse piacere, lo potranno restituire.
Una volta che sei riuscito a trasformare l'utente in cliente, sarà più facile fargli accettare richieste più grosse, come l'acquisto del prodotto a prezzo intero.

Riprova sociale

La leva della riprova sociale è una delle più utilizzate. Si basa sostanzialmente sul principio di imitare gli altri, uniformarsi al comportamento delle persone di riferimento, quando in una situazione non sappiamo assolutamente come comportarci.
Ridere di una battuta non particolarmente brillante solo perché tutti intorno sono scoppiati in una grossa risata, acquistare un preciso prodotto perché è quello più acquistato dalla media delle persone etc.
Sono tante le aziende che sfruttano la riprova sociale per indurre la persona a compiere una particolare azione. Per convincere una persona indecisa a fare un determinato acquisto o meno, mostrano come quelli prima di lei, hanno optato per acquistare e adesso ne sono pienamente soddisfatti.
Oggi gli acquisti online si sono diffusi, e gli utenti prima di acquistare un prodotto cercano ovviamente le recensioni di altri consumatori. Maggiori queste

risulteranno positive, più si sentiranno decisi a procedere con l'acquisto.

Da libro di Cialdini, Albert Bandura psicologo canadese, noto per le sue ricerche sulla teoria dell'apprendimento sociale, ha effettuato un esperimento per verificare l'applicazione del principio di riprova sociale sulle terapie del comportamento.

In un esperimento ai bambini che avevano paura dei cani, veniva fatto osservare per venti minuti al giorno un altro bambino che giocava allegramente con un cane, senza correre nessun pericolo.

Dopo soli quattro giorni di visione del filmato, il 67% dei bambini che avevano paura dei cani, accettava di entrare in un recinto con un cane con il quale continuava a giocare anche dopo che i coetanei erano usciti.

Dopo un mese i bambini accettavano ancora di più il contatto con i cani.

Secondo il principio di riprova sociale è stato quindi dimostrato che i bambini che vedevano altri bambini giocare con i cani senza nessun problema, capivano che non dovevano provare timore, perché non gli sarebbe successo niente.

Puoi sfruttare il principio di riprova sociale con un case history, dove illustri come un tuo cliente che ha acquistato un tuo prodotto o servizio, abbia risolto brillantemente il suo problema.

Simpatia

Quando trovate una persona simpatica, siete più disposti ad ascoltarla. Al contrario, se qualcuno vi è antipatico o comunque non avete affinità, cercate di liberarvi della sua presenza quanto prima.

I venditori sfruttano molto bene quest'arma di persuasione. Il loro scopo è quello di risultare piacevoli e simpatici, così che possano intrattenere una conversazione con noi e convincerci della bontà dei loro intenti (e soprattutto dei loro prodotti/servizi).
Facciamo l'esempio di un venditore porta a porta che propone enciclopedie. Una volta che sarà riuscito a farsi accogliere nella casa del potenziale cliente, dovrà fare in modo di risultare simpatico.
Uno dei modi per entrare in affinità con un perfetto sconosciuto, è quello di trovare dei punti in comune. Per il venditore porta a porta, la cosa sarà piuttosto semplice visto che si trova in casa della persona e potrà così comprendere a colpo d'occhio se è ad esempio un appassionato di quadri, se ha figli (sbirciando le foto), se è un collezionista o predilige determinati tipi di oggetti.
Cialdini però individua molti altri elementi che incidono sul meccanismo della simpatia. Quali la bellezza, una somiglianza fisica o morale, la simpatia reciproca etc. Inoltre, risulterà molto più simpatica una persona che ci porta buone notizie piuttosto che cattive.
Chiedi ai tuoi clienti di presentarti un loro amico al quale riserverai uno sconto o un trattamento speciale se acquista un tuo prodotto o servizio.
Gli amici di amici saranno più propensi ad acquistare, perché quando una richiesta gli viene fatta da un loro amico, si abbassano le barriere difensive ed è più facile accettarla.
Ovviamente devi avere già dei clienti che hanno apprezzato il tuo prodotto o servizio, tanto da consigliarlo ai loro amici.
In questo modo supererai senza problemi i dubbi di chi non conosce la tua attività e potrai così ottenere nuovi clienti in modo molto più semplice.

Una tecnica spesso utilizzata nelle landing page è lo storytelling "ci sono passato anch'io". Immagina ad esempio di proporre le vendite di un prodotto dimagrante: per sfruttare il principio della simpatia potresti renderti empatico con il lettore, descrivendo come la tua situazione sia stata come la sua e di come, con lo stesso prodotto, tu ne sia uscito.

Autorità

Tra le armi della persuasione di Robert Cialdini spicca il principio di autorità. Il professore, attraverso un'interessante serie di esempi, ci dimostra come tutti noi siamo sempre più disposti a dar ascolto a una persona autorevole o che risulta tale. Poliziotti, professori, medici, direttori scolastici etc.
Quando una persona autorevole da un consiglio o esprime un'opinione, siamo sempre più propensi ad ascoltare e nel caso, considerare seriamente le sue parole.
Aziende e liberi professionisti hanno lo scopo di imporsi come voci autorevoli nel loro settore. Quando si tratta effettivamente di professionisti che sanno svolgere il loro lavoro, la cosa non crea certo un danno a nessuno e il principio esposto da Cialdini viene sfruttato nel modo giusto.
Il problema è quando il principio di autorità viene utilizzato da persone che non hanno la qualifica e le competenze per farlo. E' stato condotto un esperimento molto interessante da Stanley Milgram all'Università di Yale. Pubblicò un annuncio in cui asseriva di cercare volontari per un esperimento sulla memoria.
Uno studente doveva svolgere il ruolo dell'insegnante, l'altro rappresentava sempre uno studente, il quale

doveva memorizzare diverse coppie di parole all'interno di un foglio in un arco di tempo definito. Lo studente era in realtà un assistente.

Durante l'esperimento, quando lo studente/assistente sbagliava a pronunciare una delle parole in coppia, l'insegnante/studente doveva rilasciare una scossa con il macchinario legato al braccio del compagno (si trovavano in due stanze divise e non potevano vedersi). Man a mano che commetteva errori, la scossa aumentava d'intensità.

Quando le scosse aumentavano, un nastro registrato inviava urla di dolore che venivano sentite dall'insegnante/studente. Ma il professore vero chiedeva di continuare. Il 65% delle persone, anche se con evidenti segni di malessere, avrebbe dato una scossa potenzialmente mortale solo perché un professore universitario comandava di farlo.

Un professore universitario non ha chiaramente il potere di ordinare una cosa simile, oppure, per l'autorità che possedeva all'interno dell'istituto, lo studente non era capace di ribellarsi all'ordine sbagliato e lo eseguiva ugualmente. E' essenziale quindi difenderci dal principio di autorità, riconoscendo quando la persona che si trova davanti a noi ha veramente il potere di comandarci una determinata cosa oppure no.

Sfrutta i titoli acquisiti, i premi ricevuti e le referenze positive di esperti riconosciuti. Sono tutti elementi che ti permetteranno di essere più persuasivo e di fare accettare in modo più semplice la tua offerta.

Se non hai a disposizione questi elementi, puoi comunque sfruttare il principio di autorità, per esempio citando nelle tue comunicazioni, il fatto che hai collaborato con persone importanti, oppure il tuo prodotto o servizio è stato citato o utilizzato da personaggi autorevoli.

Puoi così sfruttare la loro autorità per valorizzare la tua. In questo caso è utile inserire giudizi positivi espressi dagli esperti in tuo favore.

Scarsità

L'ultima delle armi della persuasione di Robert Cialdini è il principio di scarsità. Vi è mai capitato di acquistare in fretta un oggetto solo perché vi era stato detto che era l'ultimo disponibile in negozio? I venditori sfruttano il principio della scarsità per vendere subito un prodotto, senza dar tempo all'acquirente di riflettere troppo.

Fanno leva sul nostro bisogno di ottenere ciò che desideriamo, ma soprattutto, sulla paura di perderlo. Cialdini dimostra come tutti noi tendiamo a dare un valore nettamente superiore alle cose che sono poco disponibili. Basta prendere in esame i collezionisti. Più un oggetto è raro e introvabile, maggiore è la cifra che sono disposti a spendere per ottenerla.

I commercianti sfruttano questa leva a proprio vantaggio, magari per vendere un oggetto particolarmente costoso o uno degli ultimi modelli rimasti.

Ad alcuni soggetti, con la scusa di uno studio sulle preferenze dei consumatori, veniva fatto assaggiare un cioccolatino.

In metà dei casi il cioccolatino veniva preso da un barattolo che ne conteneva una decina, nell'altra solo due.

In base al principio di scarsità, nel secondo caso (barattolo con solo 2 cioccolatini) il giudizio dei soggetti era molto più positivo, il cioccolatino risultava essere più costoso ed attraente.

(L'esperimento è stato condotto dal Professor Stephen Worchel)
Ci possono essere 3 tipologie di scarsità:
a. scarsità temporale: resta poco tempo per effettuare l'acquisto;
b. scarsità di prodotto: è il caso dei pochi pezzi rimasti ;
c. scarsità di accesso: il prodotto non è per tutti, ma ad esempio solo per gli utenti registrati.

Conclusione

Questi principi sono universali e profondamente radicati nella nostra società. Tuttavia non è detto che funzionino sempre e comunque in ogni situazione.
Il consiglio che posso darti è quello di sperimentarli nella tua attività e nelle diverse situazioni in cui ti trovi ogni giorno nella vita.
Solo così potrai capire quello che funziona per te.

Non ho fallito. Ho solamente provato 10.000 metodi che non hanno funzionato – Thomas Edison

La storia di Brian Tracy

Brian Tracy nasce nel 1944 a Vancouver da una famiglia molto povera.
Sin da bambino comprende la sua triste situazione familiare e decide di lasciare gli studi e di cominciare a lavorare. Per anni fa il lavapiatti e l'operaio, spostandosi da una pensione all'altra e dormendo persino dentro la sua auto.
Dopo aver lavorato su una nave mercantile, comincia a guadagnarsi da vivere vendendo ogni tipo merce.
In un'intervista Brian Tracy ha raccontato: "Io ho iniziato a vendere quando avevo 10 anni.
Cosa ha venduto? Di tutto! Ha venduto quotidiani porta a porta, ho venduto saponi, alberi di Natale e persino la pubblicità. Fin da ragazzo Brian comincia a porsi una domanda fondamentale: "Cosa rende certe persone di successo e altre no?", questo interrogativo diventa per lui una guida importantissima, non si è mai arreso a nessun tipo di problema e difficoltà, il suo obiettivo era quello di scoprire la chiave per raggiungere il successo.
Tracy cominciò chiedendo ai venditori i loro metodi di vendita e iniziò a leggere tutto quello riguardava le tecniche e le strategie di vendita.
Finalmente ancora giovne riesce a creare il suo personale metodo. Riguardava l'impostazione degli obiettivi utili al raggiungimento del successo nell'ambito della vendita. A quel punto si rese conto che utilizzando il suo modello, poteva generare e controllare il suo futuro. Ed così che nel giro di poco tempo riesce a conquistare il suo primo grnade obiettivo, ovvero quello di trasferirsi in un appartamento tutto suo.

All'eta di 25 anni, diventa un vero leader delle vendite, tanto che in un solo anno riesce a portare a termine, nell'azienda per cui lavorava, un giro di vendite pari a 75 milioni di dollari.
Quella fu la conferma che poteva cominciare a divulgare ad altri il suo metodo, e fonda così la Brian Tracy International e comincia a scrivere libri.
Quel ragazzino povero che indossava abiti di seconda mano e che per mantenersi faceva mille lavori, oggi è autore di oltre 40 libri. Un public speaker di fama internazionale, con platee di oltre 250.000 persone che ogni anno partecipa ai suoi meeting.

16. Ciclo produttivo

Ti stai avvicinando passo dopo passo a consolidare il sogno dal quale sei partito. Per poter arrivare a dei risultati e quindi a monetizzare la tua idea, hai bisogno ancora di alcune coordinate necessarie.

Ho pensato di semplificare un elaborato processo produttivo illustrandoti quello che chiamo *"triangolo del ciclo produttivo"*, e secondo il quale tu sei il *"Leader"* e tutto il sistema che viene articolato e sviluppato si chiama *"Team"*. Per poter generare un team capace di produrre devi iniziare da un *capitale iniziale* e fissare un *budget*. E come quando decidi di affrontare un viaggio, devi pensare a dove andare e con quale mezzo spostarti ed ovviamente devi farlo con criterio, non puoi utilizzare un aereo per percorrere 50 Km, ma sai sicuramente che se devi arrivare in Australia dall'Italia, dopo aver preso l'aereo, e quando sarai sul posto avrai bisogno di un auto o per lo meno di una bicicletta.

Non sottovalutare l'ammontare del capitale iniziale e soprattutto fai in modo che non ti manchino mai dei soldi all'inizio, aumenta la ricerca degli investitori e l'importo da farti finanziare, ma fai in modo che in qualsiasi momento non ti manchi il *"fuel"* per spostare la tua macchina di produzione.

Quindi una volta ottenuto il capitale iniziale, potrai percorrere in maniera intelligente il ciclo sotto descritto. Dove tre saranno i mezzi da raggiungere e tre le azioni da compiere!

Mezzi:
1. Capitale - $ -

2. Lead generation
3. Prodotto/servizio

Azioni:
A. Marketing
B. Vendita
C. Re/Investimento

Il capitale ti da la possibilità di studiare una mirata strategia di marketing.
Il Marketing ti da la possibilità di generare una lead generation.
Una lead generation ti da le coordinate per applicare le strategie di vendita prevista.

Una buona strategia di vendita ti consente di vendere il numero giusto di prodotto/servizio.
Una volta venduto il prodotto/servizio, può decidere reinvestire i ricavi. Se credi nella crescita del tuo progetto-impresa , reinvesti parte o tutti i guadagni

nella stessa struttura potenziando il team. Oppure decidi di avviare anche una nuova attività, generando lo stesso ciclo e sfruttando l'idea che in precedenza hai maturato.
Ed è cosi che si capisce che la strategia di Marketing risulta fondamentale.

7. Marketing

Non è una teoria esatta e secondo me non esiste una definizione unica. Vi riporto però quella di Wikipedia.
Il marketing (termine inglese, spesso abbreviato in mktg), è un ramo dell'economia che si occupa dello studio descrittivo del mercato e dell'analisi dell'interazione del mercato e degli utilizzatori con l'impresa.
Il termine prende origine dall'inglese market (mercato), cui viene aggiunta la desinenza del gerundio per indicare la partecipazione attiva, cioè l'azione sul mercato stesso da parte delle imprese.
Vengono riconosciuti tre tipi di marketing:

marketing analitico: studio del mercato, della clientela e dei competitor;
marketing strategico: è un'attività di pianificazione;
marketing operativo: attiene invece a tutte quelle scelte che l'azienda pone in essere per raggiungere i suoi obiettivi strategici.

Del marketing si potrebbe parlare all'infinito e comunque ognuno di noi potrebbe dare una definizione diversa, e sicuramente lo affronterebbe secondo visioni personalizzate.
Il concetto fondamentale resta quello della strategia e le linee guida che l'imprenditore impartisce al responsabile marketing.

In particolare bisogna ricordarsi che bisogna rendere il proprio prodotto/servizio "SEXI" e non cercare ostinatamente di vendere.

Bisogna prima educare il proprio pubblico per poi portarlo con diligenza e secondo tecniche ben precise all'azione dell'acquisto.

- **Targhetizzazione**
A quale tipologia appartiene la tua pseudo clientela?
Business to consumer **B2C**: persone ;
Business to business **B2B**: aziende, organizzazioni, etc…
- **Demografica**
Scelta la tipologia di clientela, devi cercare di fare un'analisi demografica del target di clientela.
a. Demografica B2C
Nazionalità, Sesso, Età, Professione, Reddito, Istruzione, Stato Civile, Altro
b. Demografica B2B
Nazionalità, Ragione Sociale, Settore, Posizione Geografica, Altro
- **Psicografica**
Analisi del pubblico secondo la sua psicologia, *Values and Lifestyles* – Vals

Vediamole nel dettaglio

1. **Segmento**
2. **Stile di vita Caratteristiche**
3. **Caratteristiche psicologiche**
4. **Caratteristiche dei consumatori**

1. Segmento
Innovators (8% del pop.)

2. Stile di vita Caratteristiche
Di successo, sofisticato
valore di crescita personale
larghi interessi intellettuali
varie attività per il tempo libero
ben informati, interessati con questioni sociali
altamente sociali
politicamente molto attivo

3. Caratteristiche psicologiche
Ottimista
Sicuro di sé
Coinvolto
in uscita
crescita orientata
aperti al cambiamento
(stabilito e leader emergenti nel mondo degli affari e di governo)

4. Caratteristiche dei consumatori

Godetevi le "cose belle"
ricettivo ai nuovi prodotti, tecnologie, la distribuzione.
Scettico della pubblicità
lettori abituali di una vasta gamma di pubblicazioni
telespettatori luce

1. Segmento
Thinkers (11% del pop.)

2. Stile di vita Caratteristiche

Moderatamente attivo nella comunità e nella politica
per il tempo libero centri di casa
Valore educazione e viaggi
Salute consapevole
Politicamente moderato e tollerante

3. Caratteristiche psicologiche
Maturare
Soddisfatto
riflettente
larghe vedute
intrinseca motivato
ordine Valore, la conoscenza, e la responsabilità

4. Caratteristiche dei consumatori
Poco interesse per l'immagine o il prestigio
Sopra consumatori medi dei prodotti per la casa
come questioni educative e pubbliche di programmazione in TV
Leggi ampiamente e spesso
Cercare valore e durata

1. Segmento
Achievers (13% del pop.)

2. Stile di vita Caratteristiche
Abita centro di carriera e famly **Achievers**
avere relazioni sociali formali
evitare cambiamenti in eccesso o la stimolazione
Può sottolineare il lavoro a scapito di ricreazione
Politicamente conservatore

3. Caratteristiche psicologiche

Moderato
obiettivo orientato
convenzionale
Deliberate
Nel controllo

4. Caratteristiche dei consumatori
Attratto da prodotti premium
obiettivo primario per una varietà di prodotti
osservatori media televisivi
come letti aziendali, pubblicazioni notizie, e di auto-aiuto

1. Segmento
<u>Experiencers (12% del pop.)</u>

2. Stile di vita Caratteristiche
Come il nuovo, insolito, e rischioso
come l'esercizio fisico, la socializzazione, lo sport e attività all'aria aperta
Preoccupato immagine
Unconforming, a meno di ammirare la ricchezza, il potere, la fama e
politicamente apatico

3. Caratteristiche psicologiche
Estroversa
Unconventional
attiva
Impetuoso
Energetico
Entusiasta e impulsivo

4. Caratteristiche dei consumatori

Seguire la moda e le mode
trascorrono molto del reddito disponibile sulla socializzazione
Comprare su impulso
assistere alla pubblicità
Ascoltare musica rock

1. Segmento
<u>Believers</u> (16% del pop.)

2. Stile di vita Caratteristiche
Rispettare le regole e le autorità di fiducia figure
Godetevi insediarono, confortevole, esistenza prevedibile
socializzare all'interno della famiglia e stabilito gruppi
politicamente conservatore
ragionevolmente informato

3. Caratteristiche psicologiche
Tradizionale
Conforme
Cauto
moralistica
Fondata

4. Caratteristiche dei consumatori
Comprare americano
lento a cambiare le abitudini
cercare occasioni
Guarda la TV più di media
Leggi pensionamento, casa e giardino, e riviste di interesse generale

1. Segmento
<u>Strivers (13% del pop.)</u>
2. Stile di vita Caratteristiche
Strette interessi
facilmente annoiarsi
un po 'isolata
Guardate al peer group per la motivazione e l'approvazione
disattento salute e la nutrizione
politicamente apatico

3. Caratteristiche psicologiche
Insoddisfatto
Incerto
alienato
impulsivo
cercare l'approvazione

4. Caratteristiche dei consumatori
Immagine consapevole
Limitata reddito discrezionale, ma portare averi
spendere per abbigliamento e prodotti per la cura personale
Preferisco TV alla lettura

1. Segmento
<u>Makers (13% del pop.)</u>

2. Stile di vita Caratteristiche
Godetevi all'aperto
preferiscono "le mani sulla" attività
Trascorrere il tempo libero con la famiglia e gli amici intimi
Evitare l'adesione a organizzazioni sindacali tranne

sfiducia politici, stranieri, e le grandi imprese

3. Caratteristiche psicologiche
Pratico
Autosufficiente
costruttiva
Committed
Soddisfatto

4. Caratteristiche dei consumatori
Negozio per comfort, durata, valore
Impressionato dai lussi
Acquista le basi
Ascolta la radio
Leggi auto, meccanica di casa, pesca, riviste all'aperto

1. Segmento
Survivors (14% del pop.)

2. Stile di vita Caratteristiche
Interessi limitati e attività
principali preoccupazioni sono la sicurezza e la sicurezza
gravato da problemi di salute
conservatore e tradizionale
Affidatevi religione organizzata

3. Caratteristiche psicologiche
Impotente
strettamente focalizzato
avversi al rischio
Burdened
conservatore

4. Caratteristiche dei consumatori
Marca leale
Utilizzo buoni sconto e guardare per le vendite
Fiducia pubblicità
Guardare la TV spesso
letti tabloid e riviste femminili

Sembra chiaro che ci saranno utenti che prediligono la tecnologia ed appena arriva sul mercato un nuovo prodotto tecnologico, vogliono acquistarlo immediatamente, con il rischio anche di fare le file e le notti per poterlo avere per primi.
Ci sono soggetti che hanno bisogno di vedere il prodotto e provarlo. Verificare nel tempo l'usabilità e la garanzia che gli altri utenti esprimono acquistando ed utilizzando il prodotto/servizio. Leggere i feedback e le recensioni è importante. Ti restituiscono le correzioni giuste da apportare alla tua strategia.

"Chi smette di fare pubblicità per risparmiare soldi, è come se fermasse l'orologio per risparmiare il tempo"
– Henry Ford

La storia di Christopher Gardner

Christopher Gardner nasce a Milwaukee nel 1954 e fin da bambino vive un'infanzia molto difficile fatta di abusi da parte del padre nei confronti della famiglia, l'arresto della madre per accuse infondate di frode a carico del padre, ecc.
Nonostante i grandi problemi, la madre fu la sua maggior fonte di ispirazione lei, infatti lo incoraggiava a credere in sé stesso e a contare unicamente su sé stesso.
Ormai adolescente si arruola in Marina. Finita la guerra va a lavorare come ricercatore in un laboratorio di San Francisco. Il suo stipendio però non gli permette di mantenere dignitosamente la sua famiglia tanto che alla fine la sua compagna se ne va lasciandogli il figlio.
Chris a questo punto è senza casa ed allora si arrangia come può. Dormiva in ufficio, a volte in Hotel fino ad arrivare a rifugi improvvisati negli aeroporti, nei bagni pubblici e nella metropolitana.
Un giorno, nel parcheggio del San Francisco General Hospital, arriva un uomo in Ferrari che pretende che Gardner gli ceda il suo posto auto, lui senza scomporsi accetta solo a patto che gli spieghi come è riuscito a raggiungere quel tenore di vita, l'uomo in Ferrari lavorava in Borsa come Broker.
Anche a causa del colore della sua pelle impiega più di dieci mesi prima di riuscire a farsi assumere. Quello però era il nuovo punto di partenza, per una nuona vita fatta di successi.
Nel 1987 fonda la società finanziaria Gardner Rich, partendo con 10.000 dollari.
Grazie alla sua leadership e alla fatica che aveva fatto per raggiungere certi risultati, fa in modo che la sua

società diventa la benefattrice di studenti, maestri e di altri collaboratori scolastici negli Stati Uniti, donando circa il 10% dei suoi guadagni alle comunità per le quali opera.
Chris afferma: " Un'opportunità simile significa anche una responsabilità simile".
Gardner è anche autore e la sua biografia intitolata "The pursuit of happyness" è diventata un film "Alla ricerca della felicità" interpretato da Will Smith.
Il segreto del suo successo?
"Il lavoro. Ho lavorato e lavoro ancora. Lavoro bene e continuo a imparare. Correndo, facendo pressing, studiando e appassionandomi a quello che faccio".
Ieri, Christopher Gardner era un barbone di colore che dormiva sulle panchine, oggi è a capo di una delle più importanti società finanziarie degli Stati Uniti e vive fra Chicago e New York, ma quando passa da San Francisco va ad alloggiare in un albergo con vista sulla panchina dove dormiva, per non dimenticare da dove è partito.

18. Generazione dei contatti o lead generation

Senza energia nessun corpo riesce a muoversi, anche il corpo umano per poter vivere ha bisogno di alimentarsi, pertanto è fondamentale alimentare il proprio sistema con il carburante e l'energia giusta.
Quali sono?
I **Lead**, ovvero il contatto di un potenziale cliente e la **Lead Generation**, ovvero un'azione di marketing che consente di generare una lista di possibili clienti interessati ai prodotti o servizi offerti da un'azienda.
(Wikipedia). Questa operazione consiste nel trovare i clienti interessati, farsi dare i contatti dalla persona (prospect) e costruire un database che sarà utilizzato dal reparto dedicato al commerciale. Per generare nuovi contatti, di futuri clienti, possono essere utilizzate tutte le varie strategie di marketing, da quelle più tradizionali come pubblicità o telemarketing alle più innovative come direct marketing o altre strategie che utilizzano il Web.
Il pregio della lead generation è di generare una lista di possibili clienti realmente interessata e quindi con forte propensione all'acquisto del prodotto o servizio offerto, perché avviene una "selezione" a monte. Questo significa che il messaggio di vendita viene effettivamente veicolato soltanto ad alcuni consumatori, profilati grazie agli strumenti di marketing strategico.
Obiettivo del marketing in questo caso è: i contatti devono divenire à clienti.

Il ciclo continuo delle azioni costituisce il sistema che genera i contatti.

Il potenziale cliente ha un bisogno, e si muove verso di esso, cerca il bene o servizio che lo possa soddisfare.
Durante la ricerca o comunque durante questo cammino, l'utente trova la tua offerta, la scopre ed inizia a studiarla. Dopodiché se è attratto e tu hai reso il tuo prodotto/servizio "sexy ed attraente", allora l'utente per approfondire l'argomento ti invia i suoi dati.
In questo momento hai generato un contatto, che dovrai far divenire cliente.
Questo è il momento cruciale dove bisogna imparare la strategia giusta per non allontanare il contatto ed avvicinarlo a te con intelligenza e tempi giusti.

IL PRODOTTO/SERVIZIO "non deve essere venduto". Alle persone piace comprare è un momento di soddisfazione, ma non gli piace che tu gli venda qualcosa.
La differenza è sottile, bisogna solo cambiare prospettiva e passare da venditore ad acquirente, e capire cosa ci attrae quando compriamo qualcosa di piacevole e gradevole.
Per far ciò è necessario costruire una "relazione" con il potenziale cliente.

Per creare fiducia nell'utente bisogna diventare "credibile" , per far ciò bisogna imparare ed imparare rapidamente cose nuove.
Bisogna scoprire :
1. In quale ambiente il cliente vive, lavora e come si muove nella società.
2. Utilizzare lo stesso linguaggio e ricalcare le esperienze del cliente
3. Creare una relazione di appartenenza, cioè far intendere al cliente che tu sei come lui, che le tue esperienze sono le stesse che ha vissuto anche lui. Utilizzando delle associazioni con il tuo prodotto/servizio.
4. Fai sempre una verifica di quello che hai comunicato. Capisci se ti sei spiegato bene (e non se lui ha capito), e se devi correggere la tua proposta.
Insomma, più elementi caratteristici conosci del tuo cliente e meglio sarai in grado di creare una relazione "efficace".

Scrivi un elenco di sistemi per generare una relazione:

Ad esempio: gli mandi il prodotto/servizio da provare, crei delle interviste con le testimonianze (positive) di chi ha già utilizzato ed acquistato il tuo prodotto/servizio, etc....

Rendi la vendita "unica" con delle strategie e delle pratiche che soddisfino il cliente, in maniera tale da renderla "memorabile"!

Non dimenticare mai, che **non devi vendere,** ma devi regalargli emozioni, si!

Quello che l'acquirente acquista è un emozione, uno stato d'animo di appagamento e felicità!

Un "cliente soddisfatto" è un futuro assicurato, sarà predisposto a riacquistare ed in maniera automatica consiglierà il prodotto/servizio anche ad altri utenti, ed il ciclo si ripeterà per sempre.

Stai bene attento però, tutto ciò avverrà in questo modo, solo se saprai coccolarlo, seguirlo, conoscerlo nei suoi cambiamenti e soprattutto se il tuo prodotto continuerà a soddisfare un suo bisogno in maniera unica!

Abbi cara la tua visione e i tuoi sogni perché sono figli della tua anima, impronte indelebili del tuo successo finale – Napoleon Hill

La storia di Giovanni Rana.

Rana è ancora bambino quando nel 1961 inizia a lavorare con i fratelli nel panificio di famiglia.
Crescendo si appassiona alla produzione della pasta fresca, e la passione erasno sicuramente i rinomati tortellini.
È lui a impastare e lavorare tutta la notte fino alla mattina, per poi prendere la bicicletta e consegnare a domicilio i tortellini freschi.
Ad un certo punto i fratelli si dividono, e Giovanni Rana, prende la decisione di dedicarsi esclusivamente alla preparazione e vendita della pasta fresca ripiena.
La scelta viene subito accolta con molta diffidenza: si teme che non ci sia mercato per un prodotto fatto in casa dalle donne.
Invece Giovanni intuisce il trend che si sta affermando in quegli anni, ossia che le donne iniziano a lavorare fuori casa e non hanno più tempo e voglia di fare i tortellini.
"Allora ho deciso di farglieli io!" spiega in un'intervista.
Grazie al suo carattere molto socievole riesce a parlare molto facilmente con la gente, ed a trarre vispirazione dalle esigenze dei suoi clienti.
La crescita è vertiginosa e quasi incontrastata fino agli anni novanta quando arrivano i giganti Buitoni, Barilla, Kraft, Star.
Nonostante la concorrenza, Rana riesce, a conservare la leadership nel settore della produzione di pasta ripiena.

Utilizzando una spiccata dote manageriale e fondando la produzione su sistemi innovativi, accompagnati da metodi di marketing allineati con i tempi moderni. Tanto che oggi, quel ragazzino che consegnava la pasta fresca ripiena in bicicletta, è da tutti riconosciuto come l'indiscusso "Signore dei Tortelli".

19. La fase decisiva

Esiste sempre un momento in cui puoi cadere lungo il percorso, quello in cui ti trovi adesso è il momento in cui avvengono le cadute più importanti.
E' il momento in cui ti differenzi tra chi raggiungerà l'obiettivo e colui che mollerà!
E' il momento in cui devi proporre con un'azione di marketing il tuo prodotto/servizio.
Il momento in cui devi essere attento, strategico, calcolare in maniera dettagliata ogni passo della tua strategia prima di compiere l'azione.
Capire che sicuramente cadrai e dovrai alzarti con rapidità, e cogliere gli insegnamenti dalla caduta e poi cadere e rialzarti nuovamente.
Questo è il momento in cui hai paura di fallire!
Tutti temiamo di non riuscire e di sbagliare, avvertiamo la paura di subire il giudizio degli altri, l'angoscia di non saperci rialzare dopo un fallimento.
Il rimedio per poter risultare immuni a questo tipo di virus, giace in te! Devi solo capire come attivare le tue difese.
Attivare le difese significa perseguire l'obiettivo *e soprattutto capire con rapidità quando l'approccio adottato non ha portato ai risultati pianificati.*
Solo così potrai distinguerti dal perdente ed arrivare alla vittoria!
Avere cioè l'intelligenza e la rapidità di tornare sui tuoi passi e **CAMBIARE LA DIREZIONE**, NON L'OBIETTIVO!
Hai mai immaginato a quello che accadrebbe ai birilli , se ad un lancio di una palla da bowling cambi anche di pochi centesimi di grado la direzione di tiro?

Che sia strike o meno dipende anche da quello!
L'azione quindi è importante, ma la direzione è ancor più decisiva.
Pertanto, devi:
1. Verificare è riconoscere se la strategia che applicherai porta a dei risultati positivi (ed a quali).
Per poter far ciò devi decidere la direzione, cioè capire dove l'azione pensata ti porterà. Oltre ad immaginarla devi calcolarla e misurarla, non devi navigare a vista.
2. Capire se il risultato pianificato non ha restituito quello previsto e desiderato. In questo caso, allora *devi cambiare approccio metodologico* (*direzione*).
Non aver timore di farlo, e soprattutto metti da parte l'orgoglio, metti in discussione tutte le tue decisioni e strategie, cambiale e plasmale secondo le risposte negative che hai ricevuto.
Il fallimento arriva solo per chi non è capace di capire che sta agendo in maniera sbagliata, e quindi non è in grado di cambiare approccio, metodo e strategia.
Non devi sforzarti a fa fare tutte le cose in maniera perfetta e secondo le regole di settore, ma devi allenarti a pensare a fare le cose giuste!
Solo così arriverai a fare il tiro giusto e realizzare "strike"!

STRIKE!

Ho sbagliato più di 9000 tiri nella mia carriera. Ho perso quasi 300 partite. 26 volte, mi hanno dato la fiducia per fare il tiro vincente dell'ultimo secondo e ho sbagliato. Ho fallito più e più e più volte nella mia vita. È per questo che ho avuto successo - Michael Jordan

20. Quale strada scegliere

L'utente che dovrà divenire un cliente ha un bisogno e tu con il tuo prodotto/servizio dovrai essere in grado di soddisfarlo.
A questo punto dovrai fare in modo di fargli conoscere la tua offerta, gli dovrai lanciare segnali della tua presenza.
Non dimenticare che lui non sa che esisti, non conosce il tuo prodotto/servizio.
Gli strumenti che hai a disposizione sono tanti ed ognuno di loro è in grado di veicolare l'offerta in maniera caratteristica.
In ogni caso però il messaggio deve essere: *unico, chiaro ed immediato*.
Le strade che portano al tuo cliente sono :
· Giornali e riviste
· Radio e televisioni
· Siti internet, blog, social network, landing page
· Web marketing e social media marketing, newsletter, campagne AdWords,etc…
· Eventi, speech, meeting , pitch, webinar, etc…
· Relazioni e collaborazioni
Come scegliere la strada giusta?
Le coordinate di scelta dipendono dalla tua sensibilità a riconoscere l'efficacia dello strumento da utilizzare. In ogni caso gli elementi più importanti sono:

1. Budget
Quanto capitale vuoi investire e soprattutto quanto ne vuoi investire nel breve, medio e lungo termine
2. Tempo

Quanto tempo ti occorre per realizzare l'iniziativa, e qual è l'orizzonte temporale dell'operazione, ovvero il tempo di ritorno dell'investimento, utilizzando un canale piuttosto che un altro. Qualità e frequenza degli spot di avvicinamento al cliente.

3. Analisi del mercato

Affinità tra il target individuato ed il canale di comunicazione scelto.

Verifica dell'assorbimento dell'area clienti da parte dei tuoi competitor e quali risultati hanno ottenuto.

Affinché la manovra di avvicinamento al cliente sia eseguita in maniera professionale e proficua, risulta a mio avviso importantissimo:

1. Prevedere l'affiancamento ad aziende esperte nel settore per progettare e creare una giusta strategia di marketing.

Inizia la tua ricerca ed aggredisci il mercato per ottenere quante più informazioni possibili. Fatti preparare un'analisi del progetto marketing, relazionati con gli esperti di questo mercato e non stancarti di chiedere i preventivi a tutte quelle aziende che sanno realizzare questi servizi. Non fermarti mai, anche quando pensi di aver trovato il soggetto giusto, affina ancora la tua ricerca e vedrai che troverai il compagno di viaggio giusto (NON PERFETTO).

2. Non abbandonare mai la nave, sii sempre al timone, segui in prima persona le attività di marketing, non lasciare che facciano da soli le agenzie di comunicazione.

Detta sempre tu la linea di condotta!

3. Creare una tua "*USP – Unique Selling Proposition*" (Proposta di vendita unica)

Devi ideare la "*frase*" , non una frase. Che contraddistingua per sempre il tuo progetto, la tua azienda. Non uno slogan pubblicitario, ma una *"frase originale"*, che sia unica ed imprima nella mente del cliente una emozione... per sempre, ogni volta che la vede o che l'ascolta!

4. Non fare a meno di una landing page. Per realizzarla ad esempio: http://unbounce.com/
Esempi di *"USP – Unique Selling Proposition "* famose:

BARILLA
Dove c'è Barilla c'è casa
MASTER CARD
Ci sono cose che non si possono comprare, per tutto il resto, c'è Master card
TONNO RIO MARE
Così tenero che si taglia con un grissino
NIKE
Just Do It!
FERRARELLE
Liscia, Gassata o Ferrarelle?

Dunque non deve essere uno slogan come "Think Different" della Apple e nemmeno una dichiarazione di posizionamento tipo..."Il miglior Hotel in centro a Milano...".

L'USP deve spiegare in che modo un prodotto/servizio risolve un problema, quali vantaggi specifici deve attendersi il cliente, perché il cliente dovrebbe preferirti ai competitor.

Gli elementi che compongono l'USP sono:
· Headline(titolo): descrive il vantaggio che offri in sintesi.
· sub-headline(sotto-titolo): è la spiegazione dettagliata di cosa offri. A chi e perché

· bullet point (elenco puntato): è una lista (opzionale) che in tre punti elenca i benefit e le caratteristiche del tuo servizio/prodotto.
· un elemento visuale (video e/o un'immagine): a supporto, che valorizza in maniera decisiva il tuo messaggio.
· se vuoi realizza un jingle un breve motivo musicale che, generalmente, annuncia o accompagna uno spot pubblicitario.

Scelta la strategia ed una volta applicata, devi monitorare l'evoluzione e sintetizzare i risultati.
Devi quindi verificare l'efficacia del metodo applicato e valutare se apportare delle modifiche, anche in corso!
Per far ciò devi sviluppare un sistema di schede sintetiche che ti dia l'opportunità di fare una valutazione precisa dell'effetto percepito e dei contatti acquisiti.
Ad esempio, immaginiamo che tu abbia scelto una campagna inserzioni su Facebook per promuovere la pagina *web o landing page* (social web marketing) ed il budget a disposizione di 100,00 euro.
Allora il monitoraggio consiste nel verificare, ed in questo facebook ti da anche i report dettagliati, quante persone hai raggiunto, e dopo dovrai constatare quanti lead(contatti) questa campagna ha generato.
Immaginiamo che abbia generato 40 contatti.
Dunque dopo un'attività di tele marketing mirata i contatti si sono trasformati in decisiva il tuo messaggio. vendite, ed in particolare 10 vendite.
Il prezzo associato a ciascuna vendita ammonta a 97,00 euro.

Ne consegue che l'investimento pari a 100,00 euro della campagna facebook ha generato un fatturato (lordo) di 970,00 euro.

Riepilogando:

a. costo della campagna
b. numero di contatti generati
c. numero di conversioni generate
d. ricavo della campagna

Ovviamente la campagna marketing ideata può generare anche valori negativi, la cosa che importa è comunque il numero di contatti nuovi raccolti.

Un parametro fondamentale relativo al rendimento della campagna è legato al tempo.

A parità di budget messo a disposizione,(di contatti generati) e di fatturato generato, il rendimento più remunerativo sarà senz'altro quello per il quale hai dedicato meno risorse temporali.

Rendimento = (fatturato lordo) − (costo della campagna) / tempo impiegato

Campagna 1 (facebook). Fatturato 970,00 euro − costo 100,00 euro − tempo impiegato per l'organizzazione 2 gg. Rendimento = 290 euro/gg

Campagna 2 (articolo giornale locale). Fatturato 970,00 euro − costo 100,00 euro − tempo impiegato per l'organizzazione 5 gg. Rendimento = 174 euro/gg

Preparati un foglio excel con le quattro colonne (6 se inserisci tempo e rendimento) e tante righe quante sono le campagne marketing che hai deciso di applicare.

Esegui il monitoraggio frequentemente ed in base alla tipologia di campagna e budget messo a disposizione.

E' inutile anche dirlo, ma io consiglio almeno una verifica settimanale per campagne normali, se poi l'attività lo richiede intensifica i controlli ed applica una verifica giornaliera.

Tutto ciò ti consentirà di battezzare un costo medio per lead (contatto), un dato essenziale per continuare ed apportare le giuste rettifiche alla campagna marketing in maniera professionale.

Due strade divergevano nel bosco, ed io… io scelsi quella meno battuta e questo fece la differenza - Robert Frost

Note

21. Tecniche e tattiche di marketing

Il marketing non è una scienza esatta come vorrebbero far pensare i cosiddetti consulenti ed esperti di settore, è una disciplina tutta da scoprire, un mondo nel quale bisogna osservare, studiare e poi ancora studiare ed osservare, restare sempre in allerta, educare la propria mente a percepire i comportamenti degli utenti. Tutto è mutevole e tutto dipende dal tuo pubblico. Studia, stimola, applica e verifica.

Lo slalom speciale, comunemente chiamato anche solo slalom, è una delle discipline dello sci alpino. Si tratta di una gara in cui gli sciatori sono tenuti a passare attraverso una serie di porte ravvicinate, disposte su un tracciato che comporta curve ad arco stretto. Assieme allo slalom gigante fa parte delle discipline tecniche dello sci alpino, contrapposte alle discipline veloci (discesa libera e supergigante).

Tipicamente una gara di slalom speciale si svolge in due manche, e risulta vincitore lo sciatore che ha realizzato il tempo complessivo minore sulle due prove, senza saltare nessuna porta.

Ecco allora cosa devi fare per arrivare a centrare l'obiettivo della migliore strategia. Un vero e proprio slalom tra le porte del marketing! Nel minor tempo possibile e senza commettere errori! Se sbagli devi ripetere la discesa ed apportare le opportune modifiche, e senza dubbi riguardando anche le prestazioni dei tuoi competitor.

Gli utenti si ricorderanno di te se arriverai primo e non se sarai stato più bravo degli altri.

Chi è stato primo uomo a posare il piede sulla Luna?
Lo ricordano tutti!

Neil Alden Armstrong

E il secondo?

Non lo ricorda quasi nessuno…

Edwin E. Aldrin Jr.

Vedrai se arriverai primo la gente tenderà ad imprimere la tua marca (*brand*) nella propria mente e nessuno sarà più in grado di modificarla. E cosa ancor più importante il nome che hai scelto di associare, diventa un temine generico che rappresenterà poi per sempre quel prodotto/servizio.
Una bibita per sportivi ? *Gatorade*
Quando hai bisogno del nastro adesivo cosa chiedi? *Lo Scotch*
Etc…
Quando ti affacci sul mercato con un nuovo prodotto o servizio, non devi focalizzarti a proporre un prodotto migliore degli altri ma devi scegliere una categoria (scelta del target) in cui sarà comunque il primo. Lascia perdere la marca e poni l'attenzione massima sulla categoria!
La mente dei tuoi potenziali clienti è aperta alle novità, sono predisposti all'innovazione.
Quando gli proponi qualcosa e lo descrivi come migliore di un altro, troverai le porte della mente chiuse.

Pertanto focalizzati ad occupare il mercato di una categoria nella quale potrai manifestare la qualità del tuo prodotto/servizio, dove non avrai concorrenza, stai pur certo che poi arriverà!

Devi dunque puntare ad essere primo nella mente del tuo potenziale cliente e non disperdere energie e soldi a promuovere il prodotto/servizio.

Se il cliente si è fatto un idea nella sua mente, ha cioè associato una percezione positiva o negativa, all'idea o prodotto, stai pur certo che sarà difficile se non impossibile fargliela cambiare.

Quindi perché spendere ingenti somme di denaro nel marketing, solo per far capire che il tuo prodotto è meglio di un altro? Non ha senso. E' chiaro?

Metti la freccia e cambia strategia. Obiettivo? Entrare con determinazione ed in maniera esclusiva, nella mente della gente e dare sin da subito una percezione positiva di te e del tuo prodotto.

La Pepsi non ha certo un gusto peggiore della coca-cola, ma la percezione dei fruitori è che la coca-cola è stata la prima nel settore delle bevande analcoliche, e a quella categoria associano di default la coca-cola.

Un altro importante strumento è la "parola". L'utente deve associare una parola al tuo prodotto/servizio. Una parola che ti renderà per sempre visibile e targhettizzato.

Quando si pronuncia "sistema operativo", viene immediatamente in mente "Microsoft".

Quando pronunci "morbidezza", associamo l'ammorbidente "Coccolino".

Per anni Volvo ha chiaramente sponsorizzato la "sicurezza" nella guida.

Devi fare in modo di restringere il più possibile la rosa dei prodotti/servizi, in modo da concentrare le tue forze su poche variabili e rendere veramente originali le vendite. Devi capire che non devi vendere a tutti, scegli bene il tuo target e fa in modo che sia il più piccolo possibile. Capisci quando è veramente il caso di cambiare strategia, non è detto che cambiandola ottieni risultati migliori.

La "Ferrari" ad esempio ha sempre cercato di rimanere unica e vendere un prodotto particolarmente appetibile. Cercando di esaltare l'eccelenza, apportando sempre innovazione, contraddistinguendosi per lo stile e la passione.

Oggi è diventata la "boutique dell'auto".

Circa 2900 dipendenti per produrre solo 7000 auto all'anno e nessuna uguale all'altra.

"Il sistema industriale della Ferrari è unico nel mondo dell'auto, è in grado di integrare capacità artigianale e naturali automatismi di produzione.

L'onesta premia. Non dimenticare mai di essere sincero e saper raccontare al tuo pubblico le effettive credenziali del tuo prodotto/servizio.

Anzi se sarai talmente bravo da segnalare gli aspetti negativi e farli percepire come tali, e poi subito dopo di esaltarne gli aspetti contrastanti evidentemente positivi, porterai a materializzare nella mente del tuo potenziale cliente una forte fiducia, e tendenzialmente ti aprirà la porta della sua mente.

Joy, il profumo più costoso al mondo.

Anche qui, si ammette un fatto negativo, cioè essere costoso. Tuttavia lascia capire che non è per tutti e dà un senso di prestigio. In questa maniera quelli della Joy, possono tenere i prezzi alti, e continuare a vendere solo a chi se lo può permettere. Un po' il concetto che trasmette anche l'iPhone.

Una volta concretizzata la tecnica del riempimento della categoria vuota, dovrai attendere i risultati della campagna marketing, nel frattempo i tuoi concorrenti avranno già analizzato il tuo prodotto/servizio e sono pronti ad attaccare ed a saturare la categoria.

Non aver timore e persegui fino in fondo l'obiettivo che ti sei prefisso, alla fine rimarrete solo in tre. Le percentuali di mercato intorno al 45% per il leader di settore, il 40 % per il secondo ed il 3% per il terzo. Il principale competitor sarà solo uno.

Il mercato degli smartphone ad esempio è dominato, ormai da diversi anni, da tre colossi, Apple, Samsung e Microsoft, che hanno dato vita ad altrettanti sistemi operativi mobili in grado di conquistare gli utenti di tutto il mondo: iOS, Android e Windows Phone.

Ma la vera battaglia sino ad oggi la stanno combattento Apple e Samsung.

Mai strafare, focalizzati ad educare i tuoi cliente all'uso del tuo prodotto/servizio ed evita di ampliare la gamma, potrebbe essere deleterio. Il tuo pubblico ormai ha già bene in mente quello che proponi, cerca di non alterare questa realtà, non la digerisce. Al più crea una nuova categoria e ragiona su un altro nome per il tuo prodotto/servizio e la tua azienda.

Il futuro non è prevedibile, la moda non la devi seguire, la tendenza è quella che deve diventare la materia del tuo business.

Quando arrivi al successo non divenire arrogante, sii sempre umile e continua ad ascoltare il battito del cuore della gente che ti ha fatto diventare il primo. Senza di loro sarai nessuno, quindi continua ad essere esclusivo ma non abbandonare mai il tuo cliente, dagli sempre un servizio di qualità. Oggi è quello che ti contraddistingue dai competitor.

Anche in questo caso se pur non si tratta di un gioco, sappi saper perdere, aspettati di poter fallire ed avere la forza di rivedere le tue strategie.

Non abbatterti, rialzati velocemente e riparti... tanto sai già farlo!

L'unica persona che sei destinato a diventare è la persona che decidi di essere - Ralph Waldo Emerson

Note

Quello che conta non e' la volontà' di vincere: quella ce l'hanno tutti. ciò' che conta e' la volontà' di prepararsi a vincere
(Paul Bryant)

22. Conclusioni

Nel prossimo viaggio di racconterò, passo dopo passo, quello che in concreto ho realizzato e ti dimostrerò l'efficacia delle nozioni che ho scritto.
L'augurio migliore che ti posso fare è puntare su te stesso e non dipendere assolutamente dagli altri.
Adesso che hai questo piccolo strumento tutto per te, ti chiedo vivamente di farti una promessa e di scriverla immediatamente sul tuo taccuino, non tradirla e custodiscila fino a quando l'avrai esaudita!
Fissa la data come obiettivo di avviamento del tuo progetto e non mollare mai!

"C'è una forza motrice più forte del vapore, dell'elettricità e dell'energia atomica: la volontà – Einstein

Se vuoi puoi!

Indicazioni per strumenti e risorse

<u>*I fondamentali*</u>

1. Uno smartphone che sia possibilmenteApple
2. Un Pc che sia possibilmente Apple
3. Asta per selfie - prepara video per social e landing page
4. Treppiedi - prepara video per social e landing page
5. Sito internet/blog
6. Landing page
7. Uso dei social e nozioni sul Network Marketing (*)

(*) Consiglio fondamentale la lettura di: Go Pro, Come diventare un professionista del Network marketing in soli 7 passi - Eric Worre

Tieni bene in mente

"O cambi e quindi cerchi ti distinguerti o rischi di estinguerti"

Sommario

Introduzione
1. Cosa fare per iniziare
2. Sei pronto per passare allo step successivo
3. Obiettivo
4. Mercati profittevoli
5. Allenati con i grandi! Impara a conoscere le storie forti e significative di alcuni personaggi
La storia di Leonardo Del Vecchio
6. L'idea non basta
7. Qualche sano consiglio
La storia di Ray Kroc
8. Scrivi il tuo progetto
9. Cosa fare nei mesi che passano mentre strutturi il tuo progetto?
Ma non dimenticare mai la storia del barattolo... le palle da golf ed una tazza di caffè
10. Passiamo all'organizzazione
11. Come trovare i soldi per partire
La storia di Ferruccio Lamborghini
12. Cosa serve per convincere i finanziatori? Business plan
13. Pitch ed elevator pitch
14. Preparati al Macth
La storia di Renzo Rosso
15. Le armi della persuasione
La storia di Brian Tracy
16. Ciclo produttivo
17. Marketing
La storia di Christopher Gardner
18. Generazione dei contatti o lead generation
La storia di Giovanni Rana
19. La fase decisiva

20. Quale strada scegliere
21. Tecniche e tattiche di marketing
22. Conclusioni
Indicazioni per strumenti e risorse

Bibliografia

Robert B. Cialdini, Le armi della persuasione - Come e perché si finisce col dire di sì - Giunti
Dale Carnegie, Come trattare gli altri / E farseli amici nell'era digitale - Bompiani
Dale Carnegie, Come parlare in pubblico / E come convincere gli altri - Bompiani
Roberto Cerè, Se vuoi puoi - Metamorfosi
Lorenzo Ait, Startup in 21 giorni - Sperling & Kupfer
Alfio Bardolla e Lorenzo Ait, Business revolution
Al Ries & Jack Troit, Le 22 immutabili leggi del marketing - Anteprima

www.ingramcontent.com/pod-product-compliance
Lightning Source LLC
Chambersburg PA
CBHW022013170526
45157CB00003B/1231